教育部人文社会科学青年基金资助项目"促进跨区域水资源生态补偿的税制研究"（编号：13YJC790162）

促进我国水资源生态补偿的税费研究

肖加元 著

中国财经出版传媒集团

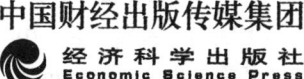

图书在版编目（CIP）数据

促进我国水资源生态补偿的税费研究/肖加元著.
—北京：经济科学出版社，2018.8
ISBN 978-7-5141-9639-9

Ⅰ.①促… Ⅱ.①肖… Ⅲ.①流域-水资源管理-生态环境-补偿机制-税收管理-中国 Ⅳ.①X321.2 ②F812.42

中国版本图书馆CIP数据核字（2018）第187406号

责任编辑：白留杰 刘殿和
责任校对：刘 昕
责任印制：李 鹏

促进我国水资源生态补偿的税费研究
肖加元 著
经济科学出版社出版、发行 新华书店经销
社址：北京市海淀区阜成路甲28号 邮编：100142
教材分社电话：010-88191355 发行部电话：010-88191522
网址：www.esp.com.cn
电子邮箱：esp@esp.com.cn
天猫网店：经济科学出版社旗舰店
网址：http://jjkxcbs.tmall.com
北京财经印刷厂印装
710×1000 16开 13.75印张 200000字
2018年8月第1版 2018年8月第1次印刷
ISBN 978-7-5141-9639-9 定价：48.00元
（图书出现印装问题，本社负责调换。电话：010-88191510）
（版权所有 侵权必究 举报电话：010-88191586
电子邮箱：dbts@esp.com.cn）

前　言

　　水资源生态补偿是指为实现社会经济可持续发展，对某一流经多省级行政区的水资源采取的一系列恢复、保护、治理等活动的总称。本书从水资源补偿主客体、补偿标准与途径等方面构建了跨省流域水资源生态补偿基本构架，并以南水北调中线工程为例，运用 Malmquist-DEA 法对现有水资源治理资金绩效进行初步评估。水资源生态补偿税制建设的具体实现途径有两条：一是实行水排污费税改革，推动水排污收费向征税转移；二是扩大资源税征收范围，尽快开征水资源税。

　　本书研究的主要结论是：

　　1. 水资源生态补偿需要清晰界定流域的产权以及健全水环境法制体系，现有水资源生态补偿收费制度在执行中政策执行力弱、行政裁量权空间过大，不利于有效保护和利用水资源，推动水资源和水排污费税改革迫在眉睫。

　　2. 水资源费税改革的方向是将水资源费纳入资源税制改革的总体框架中考虑，扩大资源税的征收范围。

　　3. 水排污费税改革需要对现有的水排污收费制度进行重构，较大幅度提高企业排污成本，合理提高居民生活污水负担。

　　4. 政府在水资源治理保护方面，要加大对水环境治理投资力度，弱化 GDP 指标在地方政府官员政绩考核中的作用，强化环境生态指标对地方官员政绩考核。

　　5. 政府需要提高水资源生态补偿资金的运用效率，提高水资源治理科学技术，加强水资源治理科技国际合作。

肖加元
2018 年 6 月

目 录

导论 ……………………………………………………………（ 1 ）
    0.1 研究背景 ………………………………………………（ 1 ）
    0.2 研究理论和现实意义 …………………………………（ 3 ）
    0.3 研究基本思路和方法 …………………………………（ 4 ）

第1章 水资源税费制度的理论基础及文献综述 ……………（ 7 ）
    1.1 水资源税费制度基础理论 ……………………………（ 8 ）
    1.2 跨省流域水资源生态补偿基本框架 …………………（ 14 ）
    1.3 跨省流域水资源生态补偿中的
        政府调控和市场机制 …………………………………（ 18 ）
    1.4 讨论与研究展望 ………………………………………（ 20 ）

第2章 完善我国水资源生态补偿税费制度必要性研究
        ——总量分析与地区评价 ……………………………（ 22 ）
    2.1 引言 ……………………………………………………（ 22 ）
    2.2 我国2000~2010年水资源总量分析 …………………（ 22 ）
    2.3 我国各流域水资源总量及供水用水情况 ……………（ 27 ）
    2.4 我国水资源的地区分析 ………………………………（ 36 ）
    2.5 我国各地区供水和用水情况 …………………………（ 38 ）

2.6　我国各地区污水处理情况 ………………………………（43）
2.7　简要结论和启示 …………………………………………（52）

第3章　水资源生态补偿税费制度国际比较 ……………………（55）

3.1　引言 …………………………………………………………（55）
3.2　水资源利用情况国际对比分析 ……………………………（55）
3.3　欧洲水资源税（费）实践及经验：
　　　以俄、荷、德和法国为例 ………………………………（58）
3.4　欧盟水排污税制度变迁和基本状况 ………………………（63）
3.5　欧洲水资源生态补偿税费制度的基本经验 ………………（65）

第4章　水资源生态补偿资金绩效评估
　　　——以南水北调中线工程为例 ……………………………（69）

4.1　引言 …………………………………………………………（69）
4.2　环境绩效评估方法评介 ……………………………………（70）
4.3　研究对象界定和基本思路 …………………………………（73）
4.4　基本研究方法及思路 ………………………………………（76）
4.5　DEA效率核算结果及解释 …………………………………（82）
4.6　简要结论和启示 ……………………………………………（87）

第5章　中国水环境治理的财政政策效应及检验
　　　——基于省级数据的面板门槛模型 ………………………（89）

5.1　引言与文献回顾 ……………………………………………（89）
5.2　模型设定与指标选取 ………………………………………（92）
5.3　实证结果分析 ………………………………………………（97）
5.4　结论与政策性建议 …………………………………………（111）

第6章 我国水资源的综合治理与开发利用
——以湖北为例 ………………………………………（113）

6.1 研究的背景与意义 …………………………………（114）
6.2 湖北省水资源现状 …………………………………（116）
6.3 湖北省水资源综合治理中的主要问题 ……………（125）
6.4 湖北省水资源综合治理中主要问题的原因剖析 …（130）
6.5 国内水资源开发利用与综合治理的经验及启示 …（134）
6.6 湖北省水资源开发利用：目标、原则与政策建议 …（139）

第7章 我国水资源费税改革构想 ……………………（147）

7.1 引言 …………………………………………………（147）
7.2 征收水资源税的理论依据 …………………………（148）
7.3 我国水资源收费制度现状与不足 …………………（150）
7.4 我国水资源费征收制度的缺陷和不足 ……………（154）
7.5 我国水资源费改税基本构想 ………………………（156）

第8章 我国水排污费税改革基本构想 ………………（159）

8.1 引言 …………………………………………………（159）
8.2 我国有关水排污费征收的法律制度演进 …………（160）
8.3 我国水排污费征收制度的缺陷和不足 ……………（162）
8.4 我国征收水排污税的初步构想 ……………………（166）

总结 ………………………………………………………（173）
附录 ………………………………………………………（175）
参考文献 …………………………………………………（203）
致谢 ………………………………………………………（211）

导 论

0.1 研究背景

我国人均水资源缺乏，仅为世界平均水平的 1/4、美国的 1/5，是全球 13 个人均水资源最贫乏的国家之一，而且水资源在时空上分布不均。由于工业化和城镇化不断发展，我国水污染和水土流失日益严重。中共十八大报告明确提出"要更加自觉地珍爱自然，更加积极地保护生态，努力走向社会主义生态文明新时代。"通过税费改革，构建水资源税和水排污税为主体的税制结构，实现水资源生态补偿，对促进我国水环境的良性循环、建设美丽中国具有重要现实意义。

生态补偿（Eco-compensation）概念的提出最初出于生态环境治理目的。国外生态补偿概念从字面意义上理解叫"环境服务付费"（payment for environment services，PES），它强调生态补偿实质是服务性补偿费用，而受益的公众则应为这种服务付费。《环境科学大辞典》从生态学角度将自然生态补偿定义为：生物有机体、种群、群落或生态系统受到干扰时，所表现出的缓和干扰、调节自身状态使生存得以维持的能力，或者可以看作对生态负荷的还原能力[1]。周大杰、董文娟等认为，"补"就是

---

[1] 《环境科学大辞典》编委会. 环境科学大辞典 [M]. 北京：中国环境科学出版社，1991：326.

给那些为整个社会发展带来正的经济外部性的个体、单位、部门、地区的活动应得利益的补贴；"偿"就是对那些产生负的经济外部性的个体、单位、部门、地区的活动带给其他区域或社会成员的消极影响的赔偿。因此，补偿实质是一种保障社会公平的机制，是一种使外部成本内部化的手段[1]。吕忠梅将生态补偿分为广义和狭义两种，狭义的生态补偿就是对生态系统和自然资源的破坏进行恢复、综合治理等一系列活动的组合，广义的生态补偿还包括对辖区内居民因生态环境保护而丧失发展机会的赔偿[2]。

20世纪中期以后，生态环境的恶化对社会经济影响日益显现，生态补偿研究重点逐渐由单纯的生态环境治理向社会经济领域扩展。生态补偿除了被作为一种生态环境保护的手段以外，还被作为对生态资源提供环境保护的经济刺激手段。中国环境与发展国际合作委员会（CCICED）将生态补偿定义为以保护和可持续利用生态系统服务为目的，以经济手段为主调节相关者利益关系的制度安排[3]。基于此定义，国内很多学者纷纷提出了自己的观点。毛显强等将生态补偿定义为："通过对损害（或保护）资源环境的行为进行收费（或补偿），提高该行为的成本（或收益），从而激励损害（或保护）行为的主体减少（或增加）因其行为带来的外部不经济性（或外部经济性），达到保护资源的目的"[4]。吴晓青则认为，生态补偿不仅是对环境负效应的一种补偿，还包括对环境正效应的支付，生态补偿需要政府行政手段和市场经济手段共同作

---

① 周大杰，董文娟等.流域水资源管理中的生态补偿问题研究［J］.北京师范大学学报（社会科学版），2005（4）：131 - 135.

② 吕忠梅.超越与保护：可持续发展视野下的环境法创新［M］.北京：法律出版社，2003.

③ 中国生态补偿机制与政策研究课题组.中国生态补偿机制与政策研究［M］.北京：科学出版社，2007：74 - 78.

④ 毛显强，钟瑜，张胜.生态补偿的理论探讨［J］.中国人口·资源与环境，2002（4）：38 - 41.

用，构建促进环境保护的利益协调机制。

随着可持续发展观念日益普及，生态补偿又被赋予了可持续发展内涵。除了对生态环境治理、利益相关者的经济补偿以外，生态补偿还应包括人与自然的和谐相处，可持续发展的内涵被引入生态补偿中。毛峰等认为，生态补偿的目的是为了实现人类社会的可持续发展①；王金南认为，生态补偿是以保护生态服务功能，实现人与自然和谐相处为目的，综合运用各种政策工具的制度安排②。

从以上学者对生态补偿概念界定上不难看出，生态补偿概念经历了"生态环境治理——生态经济补偿——生态可持续发展"的渐近过程。生态补偿中，对生态环境的保护和恢复是基础，在生态环境治理过程中，为了实现生态系统的外部效应内部化目的，必须采用包括经济刺激、法律法规在内的综合性政策手段，最终目的是为了实现人与自然、人与社会的可持续发展。在我国现有行政管理框架内，跨省流域水资源的补偿是一个整体性、关联度很高的系统工程，流域上下游地区之间在环境治理、生态建设和水资源保护开发利用等方面需要密切配合。因此，笔者将跨省流域水资源生态补偿界定为："为实现社会经济可持续发展，对某一流经多省级行政区的水资源采取的一系列恢复、保护、治理等活动的总称。"

0.2 研究理论和现实意义

理论上丰富和发展跨区域水资源生态补偿度量、实现途径和政策效应评价体系，为完善我国环境税体系，促进我国经济结构转型升级

---

① 毛峰，曾香. 生态补偿的机理与准则 [J]. 生态学报，2006 (11)：38-42.
② 万军. 中国生态补偿政策评估与框架初探 [A]. 王金南，庄国泰. 生态机制与政策设计国际研讨会论文集 [C]. 北京：中国环境科学出版社，2006：13-24.

提供理论参考和路径保障。本书预期实现以下理论研究目标：（1）拟提出包括上下游水资源收益函数的生态补偿度量模型。该水资源收益函数包括水本身收益，防污控制成本和环境外部性，流域内水资源总体效益由水作为使用用途的收益、水的生态效益和防污成本的控制三者构成。该分析模型将为水资源补偿标准确定提供依据。（2）通过投入—产出的分析方法和DEA技术分析手段，构建水资源生态补偿基金使用效果的评价模型，分析和评价水资源补偿基金的财政绩效。（3）构建CGE分析模型，拟构建包括水资源税和水排污税在内的20个产业的微观投入—产出社会核算矩阵，通过GCE分析方法，研究水资源税和水排污税率变化对社会产业和居民的影响，为水资源费税改革提供参考借鉴。

实际应用价值：（1）本书依据国内外特别是国外最新理论研究成果，采取最先进的计量分析工具和数量分析工具，对我国水环境治理这一社会经济发展中的重要问题进行了较深入研究，并提出了相对完整的以水排污费改税为核心的税制改革思路，可以作为财税部门相关制度设计的理论基础和重要参考。（2）本书研究成果可作为高等院校及科研机构教学与科研人员继续研究的基础。本书就水资源生态补偿问题构建了理论模型，同时，采用计量分析工具和数量分析工具对理论框架进行实证分析，得出不少有益结论，并提出了政策建议。理论模型、实证模型和结论三部分均可作为后续研究的基础，推进相关机制与政策路径研究。

0.3 研究基本思路和方法

本项目按照"理论研究→方法创新→实证分析→政策探讨"的基本思路，由理论到实际，逐步推进，力争形成一个科学、连贯、递进的研究技术路线。主要研究方法是：

（1）比较研究方法。对水资源生态补偿成本负担拟结合国内外生态补偿的一般经验，以及我国现阶段所处的经济社会发展阶段给予科学度量，在此基础上对企业和居民所需承担的水资源生态补偿的直接成本和生态恢复成本进行合理确定。

（2）计量分析。主要包括 Granger 因果关系法、Malmquist-DEA、CGE 模型、向量自回归模型、脉冲反应函数、方差分解、固定效应模型、工具变量法（IV）、计量结构方程等。在计量分析过程中考虑数据的信度、效度以及内生性等问题，使分析具有可靠性与稳定性。

（3）数理模型构建。模型构建采取推理与演绎思路方法。在前人文献的基础上，构建水资源生态补偿测度模型，并以此对现有补偿制度进行评价。数理模型构建的工具主要是数学优化理论。

一是水资源生态补偿标准量化研究。拟提出包括上下游水资源收益函数的生态补偿度量模型，以计算不同模式下的生态补偿。该水资源收益函数包括水本身收益，防污控制成本和环境外部性。流域内水资源总体效益由水作为使用用途的收益、水的生态效益，防污成本的控制三者构成。该书拟以南水北调中线工程为例，系统收集相关数据进行水资源生态补偿测算标准实证研究。

二是水资源生态补偿技术分析模型。通过构建投入和产出的指标，评价水资源补偿基金的使用效率。投入指标选择：治理废水完成投资额和排污费征收额；本书将产出指标分为城市生态系统、淡水生态系统、农业生态系统和土壤生态系统等四个方面，每个方面选择 2~3 个代表性指标，再利用 Malmquist-DEA 法进行分析。构建的基本模型为：

$$\max h_j = \frac{\sum_{r=1}^{s} u_r y_{rj}}{\sum_{i=1}^{m} v_i x_{ij}}$$

$$\text{s.t. } \frac{\sum_{r=1}^{s} u_r y_{rj}}{\sum_{i=1}^{m} v_i x_{ij}} \leqslant 1;$$

$$u = (u_1, u_2, \cdots, u_s)^T \geqslant 0;$$

$$v = (v_1, v_2, \cdots, v_m)^T \geqslant 0$$

本书在不变规模报酬情况下从输出角度测量 DMU 的 DEA 技术效率。h_j 越接近 1 表示效率越高，h_j 最大值为 1，表示 DEA 最大效率。

第1章 水资源税费制度的理论基础及文献综述

跨省流域水资源生态补偿是指为实现社会经济可持续发展，对某一流经多省级行政区的水资源采取的一系列恢复、保护、治理等活动的总称。我国人均水资源十分缺乏，而且水资源在时空上分布不均。随着工业化和城镇化不断发展，我国水污染和水土流失现象日益严重。中共十八大报告明确提出"要更加自觉地珍爱自然，更加积极地保护生态，努力走向社会主义生态文明新时代。"从理论上丰富和发展跨省流域资源生态补偿测度、实现途径和政策效应评价体系，加强水环境治理，有效实现水资源生态补偿，对促进我国经济结构转型升级，实现经济社会可持续发展具有重大理论意义和现实意义。

水资源的生态保护和生态治理是现代环境经济学的重要研究范畴之一。水资源不仅是生态环境的重要组成部分，还是进行社会生产的重要生产投入要素。水的流动性特征决定其产权边界不易界定，同一跨省流域水资源的生态补偿往往涉及流域内诸多地方政府和企业间的利益协调，本书拟对现有水资源生态补偿相关文献作系统梳理，以促进水环境治理方面研究。

1.1 水资源税费制度基础理论

1.1.1 福利经济学理论

福利经济学研究在一定价值判断基础上经济活动应该如何运行，或者一种状态是否好于另一种状态。经济活动中企业和居民的私人成本和社会成本、私人收益和社会收益的不一致性会产生外部性问题（Sidgwick, 1887）[1]。水资源作为典型的公共品很早就被西方学者研究[2]。Marshall（1890）最早将有赖于某一产业一般发达的经济称为外部经济。近代以后，以庇古为代表的西方福利经济学家对外部性问题进行了深入研究[3]。在存在外部性的前提下，单纯依赖市场无法实现资源的帕累托最优，需要政府采取措施（如征收庇古税）以实现外部效应内在化（Pigou, 1920）。

传统福利经济学基于基数效用论提出了"希克斯—卡尔多"补偿原则（Hicks-Kaldor compensation principle），依据该原则，如果资源配置能使福利受益者补偿福利受损者后，受益者的福利水平仍可以提高，那么整个社会的福利也相应提高，这一配置就是最优配置。传统福利经济学的补偿原则强调了补偿的货币化因素，同时补偿政策能否实行还取决于经济中的其他因素，其福利标准仅仅是一种假想的补偿。由于其理论过度强调效率而忽略公平，给阿马蒂亚·森（Amartya Sen）为代表的后福利经济学进行了发展空间。后福利经济学创造性地提出了"功能—能

---

[1] T. Scitovsky. Two Concepts of External Economics [J]. Journal of Political Economy, 1954 (62): 143 – 151.

[2] W. J. Baumol, W. E. Oates. The Theory of Environmental Policy [M]. Cambridge: Cambridge Press. 1988.

[3] W. J. Baumol. Welfare Economics and the Theory of the State, Cambridge [M]. Cambridge: Cambridge Press, 1967.

力理论"（theory of function-capability）与"部分序数理论"（theory of patial orderings）。这些理论的创立，对于重建福利标准并在此基础上客观合理地评价环境经济问题提供了全新的思路①。

1.1.2 产权经济学理论

除了征收庇古税以外，外部性内在化的手段还包括清晰的产权界定和产权安排（Coase，1960）、创造附加市场（J. E. Meade，1977；Arrow，1969）等②。现代产权经济学以科斯、诺思、威廉姆森等为代表，他们在对新古典主义继承和发展的同时，也对新古典主义基本假设提出了批判乃至否定。在研究资源配置问题上，现代产权经济学认为制度是一个内生变量，清晰的产权界定对资源配置具有重要影响；同传统经济学"单一经济人"的假设不同，产权经济学认为人的复杂意识形态和人与人关系对资源配置也产生重要影响，主张把"制度"这一界定人与人和人与社会关系的重要变量纳入到资源配置分析范式中去。同时，产权经济学认为"意识形态"是影响制度建立、维系和变革，从而影响交易成本的重要因素，揭示了资源配置和意识形态关系③。

基于上述理论，国内学者近年纷纷从产权角度对水资源生态补偿进行解读。袁义才从交易成本角度对公共品属性进行了不同于萨缪尔森的分析，他认为产品之所以成为公共品与后天制度有关，而不是由萨缪尔森提出的公共品"非竞争性"和"非排他性"的特征所决定的，进一步，他提出了一个判断制度绩效函数模型，可以用于公共产品的判别④。

---

① 胡涵钧，俞萌. 环境经济研究的福利标准［J］. 复旦大学学报（社会科学版），2001（2）：51－57.

② W. J. Baumol, W. E. Oates. The Theory of Environmental Policy ［M］. Cambridge：Cambridge Press，1988.

③ 黄少安. 现代产权经济学的基本方法论［J］. 中国社会科学，1996（2）：16－26.

④ 袁义才. 公共产品的产权经济学分析［J］. 江汉论坛，2003（6）：25－28.

这一思路为研究水资源的生态补偿提供了新的思路。我国部分地区的河流、湖泊的产权界定不清晰，导致水资源的保护和治理滞后，只有清晰界定水资源的产权，才能赋予其非竞争性和非排他性特征，水资源的公共品属性特征才能充分体现，相关的水资源生态补偿措施才能得以顺利实施。王万山、廖卫东对我国 2000 年开始实施的退耕还林政策从产权经济学角度进行了思考，认为退耕还林政策实施过程中存在地方政府、林管部门和中央政府、农民之间的产权冲突。我国退耕还林产权制度优化既不能采取纯公共产权形式，也不可能采取纯私人产权形式，而是两种产权相结合的混合产权制度①。马晓强利用产权经济学理论对水资源利用中涉及的水权及其边界进行了研究，他认为，没有排他性的水权确立、让渡和交易制度，水资源市场的形成和有效运行就无法实现。基于产权经济理论，他分析了水权的清晰界定与水资源市场的关系，并在此基础上分析水资源利用中的各种水权关系②。傅晨对 2000 年发生的浙江义乌与东阳典型水权交易个案进行了产权经济学分析。他认为，东阳和义乌转让的水权是水产权"权利束"中的使用权，而非所有权，水产权交易今后需要进一步明确使用目的，水产权交易的合约签订、执行需要明确双方的法律责任。他还建议国家对水资源丰富地区征收级差地租。该个案研究对我国建立水资源的附加市场具有一定启示意义③。

1.1.3 水资源生态价值论

生态价值主要是指自然生态系统与社会经济系统进行物质与能量循

---

① 王万山，廖卫东. 退耕还林政策的产权经济学分析与优化构想 [J]. 中国农村经济，2012 (2)：19 - 26.

② 马晓强. 水权与水权的界定——水资源利用的产权经济学分析 [J]. 北京行政学院学报，2002 (1)：37 - 41.

③ 傅晨. 水权交易的产权经济学分析——基于浙江省东阳和义乌有偿转让用水权的案例分析 [J]. 中国农村经济，2012 (2)：25 - 29.

环过程中，再生产生态环境能够满足人和社会需要的功能和能力所需要的一般社会劳动①。西方传统经济学认为，生态环境是个静态生产对象，生产过程实际上就是以最少投入换取最大产出的过程，其直接目的是追求效益最大化。因此，在传统经济学中自然环境的生态价值往往被忽略了。生态价值理论认为，劳动与生产要素相结合就会产生价值。其理论基础是马克思主义劳动价值理论。马克思主义政治经济学理论认为，价值来自商品中存在的一般人类劳动，在生态资源的勘探、开采、保护、更新等活动中，凝结了大量一般人类劳动，生态资源自然具有价值。生态价值具有历史性、二元性和整体性特征，因此其价值测度有别于普通商品②。围绕生态价值的形成、理论基础、表现形式，国内学者何孰煌、李万古等进行了较多理论探讨，这些理论成果为水资源生态补偿理论提供了价值依据③④。

程金香、刘玉龙等学者立足于生态价值理论对水资源生态价值的概念、表现形式、生态价值量和生态价值的实现形式进行了研究⑤；何锦峰、陈国阶等探讨了水资源生态价值的评价方法和配置的几种途径⑥；姜文来基于模糊数学理论，提出了一个对水资源生态价值测度的理论模型，把水资源价值分为综合评价部分（Ⅰ）和水资源价值（Ⅱ），并以北京市水价构成为例进行了实证研究，该研究为探讨水资源的合理补偿提供了参考⑦。

---

① 杨卫，杨继. 生产力运行中的生态价值问题探析 [J]. 马克思主义与现实, 2003 (3)：13 - 25.
② 严曾. 生态价值浅析 [J]. 生态经济, 2001 (10)：24 - 27.
③ 何孰煌. 谈生态价值及其相关问题 [J]. 发展研究, 2001 (4)：29 - 34.
④ 李万古. 关于生态价值论的思考 [J]. 齐鲁学刊, 1994 (5)：112 - 114.
⑤ 程金香，刘玉龙，林积泉. 水资源生态价值初论 [J]. 石家庄经济学院学报, 2004 (1)：24 - 27.
⑥ 何锦峰，陈国阶，苏春江. 水资源持续利用的价值评价与配置问题 [J]. 重庆环境科学, 2006 (3)：14 - 17.
⑦ 姜文来. 水资源价值模型研究 [J]. 资源科学, 1998 (1)：35 - 43.

1.1.4 社会公平说

公平和效率是经济学中的基本范畴，传统意义上的公平一般包括起点公平、过程公平和结果公平。在传统经济学范畴中，公平不仅仅是一个纯经济术语，还包括社会伦理和道德意义。追求社会公平是人类社会长期追求的基本目标。可持续发展公平观提倡资源共享、环境共有和公平分配，反映了基于人与社会和谐相处基础上的人与人的一种新型公平关系[①]。赋予可持续发展公平观不仅包括代内公平，还包括代际公平。水资源的代内公平强调流域内居民具有平等享受水资源的权利，以及这种权利一旦受损应该受到某种补偿，这也就是我们通常所说的水资源治理"谁投资，谁收益；谁污染，谁治理"的原则。代际公平则强调了水资源的保护和发展，既要保护当代人的水资源利用权利，也保护后代水资源的权利。

冯彦、何大明基于国际水资源利用上的公平原则，对澜沧江—湄公河流域水资源利用的趋势、流域国用水矛盾以及现有的流域水资源管理机制进行了分析，认为在现有澜沧江—湄公河流域内，进行全流域水资源全局分配是较为合理和切合实际的分配模式[②]。潘岳分析了我国资源环境领域存在的几种不公平现象：一是城乡不公平。在清洁水源、固体废弃物、土壤污染治理以及环保投入方面，城乡间存在严重不公平现象。二是区域不公平。环境资源丰富的西部地区多年来为我国经济发展付出了巨大的生态代价，近年来又对西部地区不断提出限制发展、保护环境要求，但环境保护的成果却大部分被东部沿海发达地区占有，广大西部地区并没有受到应有的生态补偿。三是国际间不公平。欧美发达国

[①] 李雪松.论水资源可持续利用的公平与效率 [J].生态经济，2001 (12)：13-16.

[②] 冯彦，何大明，包浩生.澜沧江—湄公河水资源公平合理分配模式分析 [J].生态经济，2000 (7)：241-245.

家和地区的人均资源占有量远远超过发展中国家和地区。基于此,他呼吁建立绿色 GDP 为核心的国家绩效考核体系,以实现环保权利和义务的对等①。卢洪友从公共品提供角度分析了造成"三农"问题的制度原因,即公共品提供方面的"一品两制",即城镇公共品大部分由政府供给以及农村公共品大部分由村民自己负担,由此导致城乡资源配置上的严重不公平②。

1.1.5 利益相关者理论

利益相关理论产生于 20 世纪 20 年代,是在经济发展、人力资本不断提升的前提下,对主流企业理论的发展。广义的利益相关者不仅包括那些"能够影响一个组织目标的实现,或者受到一个组织实现其目标过程的人"③,还包括各类对企业活动有直接或间接影响的利益相关者④。

水资源是生产生活中最基本的要素,几乎所有企业生产行为都离不开水资源的投入。跨省流域内企业水资源利用过程中包括各级政府、社区、媒介和当地居民等诸多利益相关者参与。有效协调诸多利益相关者之间利益关系,构建完整利益补偿框架和机制是实现跨流域水资源生态有效补偿的重要条件。杜立钊、骆进仁、钱晓东等人利用利益相关者理论,以引洮供水工程为例,严格界定了跨流域水资源生态补偿中的各利益相关者主体边界。他们从产权角度分析了洮河水资源的用水权分配问题,通过建立一个简单的基于两区域的局部均衡模型对跨区域(流域)

---

① 潘岳. 环保有关社会公平否? [J]. 中国税务, 2005 (3): 49 – 51.
② 卢洪友. "一品两制"的经济分析——兼论公共品成本分摊与收益分享的社会公平 [J]. 中国税务, 2004 (10): 50 – 54.
③ Freeman R E. Strategic Management: A Stakeholder Approach [M]. Boston, MA: Pitman, 1984.
④ 付俊文, 赵红. 利益相关者理论综述 [J]. 首都经贸大学学报, 2006 (2): 16 – 19.

调水工程中利益补偿问题的产生给出了福利经济学解释①。汪国平认为，我国农业水价改革关系到多个利益相关者，其中供水单位和用水农户是首要利益相关者。他进一步从博弈角度分析了农业水价改革中两个首要利益相关者的策略选择，并提出了农业水价改革要兼顾经济利益与社会利益，调动各利益相关者的积极性②。利用博弈理论分析各利益参与者的决策，也成为近年来国内水资源生态补偿理论界的研究热点，代表性学者有戈银庆③、韩凌芬和胡熠④、徐大伟和涂少云⑤等。

1.2 跨省流域水资源生态补偿基本框架

上述分析可以看出，水资源生态补偿既具有经济补偿属性，又具有社会公平正义规范要求，这一特征决定了水资源生态补偿是一项社会多部门参与协调的系统工程。水资源生态补偿涉及生态补偿主体、补偿方式、补偿标准和补偿政策法规体系等诸多要素。

1.2.1 跨省流域水资源生态补偿主体

实现水资源的生态补偿，必须先明确生态补偿的实施主体，即生态建设和生态恢复的实施者。陈兆开、施国庆等将水资源补偿主体界定为

---

① 杜立钊，骆进仁，钱晓东. 跨区域（流域）调水工程的利益相关者分析——以甘肃省引洮供水工程为例 [J]. 生态经济，2011（8）：27-38.

② 汪国平. 农业水价改革的利益相关者博弈分析 [J]. 科技通报，2011（7）：621-623.

③ 戈银庆. 黄河水源地生态补偿博弈分析——以甘南曲玛曲为例 [J]. 兰州大学学报（社会科学版），2009（5）：109-113.

④ 韩凌芬，胡熠，黎元生. 基于博弈论视角的闽江流域生态补偿机制分析 [J]. 发展研究，2009（7）：78-80.

⑤ 徐大伟，涂少云等. 基于演化博弈的流域生态补偿利益冲突分析 [J]. 中国人口·资源与环境，2012（2）：8-14.

三类对象：社会补偿主体、自我补偿主体和国家补偿主体。社会补偿主体是水资源生态补偿的微观主体，包括流域水资源的受益者和破坏者；自我补偿主体是指水资源的生态建设区；国家补偿主体则是指中央、省、市及社区四级国家补偿主体，国家作为公共利益的代表，行使其环境保护职能①。在水资源生态补偿的主体范围非常广泛，既有国家县级以上政府职能部门，又包括与水资源循环有关的一切单位与个人。跨省流域水资源往往涉及流域内诸多层级的政府、企业、居民等，其补偿主体的确立需要根据各对象在水资源保护、采集、供应、使用和排放中的相关位置和责权利关系来进行确定。

1.2.2 跨省流域水资源生态补偿客体

生态补偿客体是指生态补偿活动所指的对象。王金南、庄国泰指出，生态补偿的客体包括两类对象：一是作为资产状态的自然资源客体；二是作为有机状态存在的生态环境系统②。谷国峰认为，生态补偿的客体有两类：一是生态服务的投入成本。受公共品的非竞争性和非排他性特征制约，这部分成本中有部分无法通过市场交易实现，需要通过某种机制得以补偿。二是土地利用方式造成的机会成本损失③。马莹认为，经济学角度界定的流域生态应该包括流域生态服务和流域生态破坏行为两类客体，通过对客体的补偿达到保护、修复、改善流域生态状况的目的，正是流域生态补偿的目标所在④。跨省流域水资源保护内容非

---

① 陈兆开，施国庆，毛春梅．流域水资源生态补偿问题研究 [J]．科技进步与对策，2008（3）：51－55．
② 王金南，庄国泰．生态补偿机制与政策设计国际研讨会论文集 [C]．北京：中国环境科学出版社，2006：61－71．
③ 谷国锋，黄亮，李洪．基于公共物品理论的生态补偿模式研究 [J]．商业研究，2010（3）：33－36．
④ 马莹，毛程．流域生态补偿的经济内涵及政府功能定位 [J]．商业研究，2010（8）：127－131．

常复杂,各地区水资源利用情况也千差万别。据此,跨省水资源生态补偿的客体可以界定为水资源生态补偿所指的具体标的,它主要由水资源建设保护和水资源生态恢复两类生态服务构成。

1.2.3 跨省流域水资源生态补偿标准

水资源的补偿标准是实现生态补偿的关键点。国外学者对环境生态补偿的量化标准进行了较深入研究。一是参照环境资源标准量化计算上游增加生态服务的价值;二是从环境支付意愿标准考察补偿量;三是从经济学综合考虑生态投入的经济成本、经济损失和机会损失,通过征收环境税实现生态补偿。目前对环境税的最适税率还存争议,Sandmo Lee 和 Misiolek 认为,次优状态下的环境税率通常与庇古税是偏离的。Weisbach 和 David A 认为,在充分信息假设前提下,环境税税率至少要能补偿排污造成的边际损失①。

国内学者们对补偿标准的研究主要有两类:一是直接成本法。李岚、肖金成认为,水资源生态补偿标准的确定可以采用成本法,按照上下游共同合理负担的原则,核算上游地区因转让水资源而遭受的损失或支付的成本,并以此作为京冀双方协商确定水资源转让补偿价格标准的依据②。但这一标准未考虑水源输出地区的机会成本损失,实践中不能充分反映资源公平。二是直接成本加机会成本法。闫彦认为,确定水资源生态补偿标准是应该考虑以下指标:源头保护工程总计需要的补偿数额与补偿主体应分摊支付的补偿金额;在水功能区划的基础上,计算补偿金在各功能区的分配方式;补偿金在补偿期限内的分配方式;

---

① Weisbach, David A. Should Environmental Tax be Precautionary? [J]. National Tax Journal, 2012, 65 (2): 453-473.

② 李岚,肖金成,高智. 把握住水资源补偿机制的"关键点" [N]. 中国经济导报, 2009-08-18 (B05).

源头保护效益—费用分析等[1]。周大杰等利用影子工程法、市场价值法等测算手段，通过计算流域生态补偿标准中包括的农业面源污染、林地的建设与维护费、污水处理厂运行费，并计算了上游地区的生态价值，在此基础上估算了流域下游北京市应承担的生态补偿费用[2]。此外，在微观补偿标准方面，陈兆开、施国庆（2008）认为，水资源的生态补偿应该包括生态增益和生态损益两方面。刘晓红（2007）、刘玉龙（2006）、李国平（2008）、耿勇和戚瑞（2009）等分别从水生态恢复成本、水资源修正系数、意愿价值评估、水足迹理论和方法，提出流域水资源生态补偿标准计量流程及测算模型。从单一测算角度看，虽然这些方法已经日臻完善，但还未形成一套科学合理的水资源生态补偿测算体系。目前，在实际操作层面，在确立补偿标准时，多数是在考察水资源直接成本（市场价值）基础上，结合水资源保护（或恢复）的机会成本损失来确定，包括长江上游退耕还林还草工程、南水北调中线工程以及一些区域性中小工程中，该补偿方法已经被大量采用。

1.2.4 水资源生态补偿的途径

水资源生态补偿资金按照从补偿主体到补偿客体的输送途径分主要有两类，一是直接补偿；二是间接补偿。直接补偿是补偿主体直接将补偿资金支付给补偿客体，用于水资源的保护、开发，从而改善水环境的一种方式，直接补偿目前在国内采用的还不多（如浙江义乌对东阳的水资源购买、北京市对冀北地区的水价支付等），这一途径具有补偿直接、效率高的特征，应该在总结经验基础上进一步试点推广。

间接补偿是指水资源保护的受益者（主要是下游地区）将费用支付

---

[1] 闫彦. 建立和完善水资源补偿机制 [J]. 浙江经济, 2006 (4): 44 - 45.
[2] 周大杰, 桑燕鸿等. 流域水资源生态补偿标准初探——以官厅水库流域为例 [J]. 河北农业大学学报, 2009 (1): 10 - 14.

给政府某一部门，由其按照一定的标准向水土保持补偿客体转移支付或按照区域或流域水土保持生态建设资金规划划拨资金①。间接补偿的方式具体有财政转移支付、专项基金、项目援助、水资源配额交易和捐赠等多种方式。

1.3 跨省流域水资源生态补偿中的政府调控和市场机制

迄今为止，政府和市场是对经济活动干预的两种主要手段。尽管世界各国对水资源的生态补偿手段迥异，但大致可以划分为政府调控和市场补偿两种补偿机制，在市场经济发展的欧美国家，后者在水资源生态补偿中发挥的作用日益明显。

1.3.1 基于政府主导的水资源生态补偿

水资源生态系统具有很强的公共品属性，跨省流域的水资源生态保护更需要中央政府进行干预调控。美国1985年开始实施"土地休耕计划"（conservation reserve program，CRP），次年又开始实施湿地保护政策②。Perrot调查发现，根据美国环保局（EPA）要求，如果对纽约所有地表水进行过滤处理，每年环保投入高达60亿~80亿美元，但如果通过购买上游Catskills流域地区的生态服务，在未来10年只需累计投入10亿~15亿美元资金，后者明显减少了政府支出③。在德国，政府通过

---

① 杜丽娟. 水土保持补偿机制研究 [M]. 北京：中国水利水电出版社，2011：52.
② Mayrand M, Paquin M. Payments for Environment Services: A Survey and Assessment of Current Schemes [R]. Montreal: Unisfera International Centre for the Commission for Environment Cooperation of North America, 2004, 53.
③ Perrot M D, Davis P. Case Studies of Markets and Innovative Financial Mechanisms for Water Services form Forest [R]. Washington, D.C: Forest Trands, 2001.

法律规定，耕地，特别是饮用水保护地区的耕地严格限制氮肥的使用量。如果当地农民严格遵守了氮管理计划，土地收获后的土壤含氮量低于政府规定的某一阈值，将得到一定补偿。欧洲提供的水资源生态补偿政策包括区域转移支付、产业规定以及生态补偿税。

面对水环境日益恶化，国内学者周大杰、董文娟、梁丽娟等从宏观体制方面提出应该建立可操作性强的水资源补偿机制和监督机制。诸多水资源生态补偿措施中，大多数学者赞成推动水排污的"费"改"税"。水排污税征税对象和纳税人是存在排污行为和应税产品的企事业单位和个人；计税依据方面，部分学者主张以水污染的实际排放量计征（谭光荣、李廷、邢丽等）；部分认为应该以排污品生产设备的生产能力及实际产量综合测定（曾贤刚、付伯颖等）。而水排污税税率的讨论目前还停留在指导原则层面，缺乏有说服力的经验分析数据。在资源税扩大试点改革中，水资源税也被列入了改革的范围，但总体而言，我国现有水资源生态补偿制度建设还比较滞后。

1.3.2 基于市场调控的水资源生态补偿

市场支付的水资源生态补偿主要适用于水资源建设保护边界清晰，受益群体明确，交易主体单一的情况。水资源市场化补偿主要有直接购买或补偿、水费附加和兴建替代工程三种方式，其中，直接购买方式使用最广。Chen 等研究发现，市场化补偿中，基于"成本—效益"目标的补偿方式能极大提高补偿资金的使用效率[1]；De Groot, Roland B A 和 Hermans leon M 探讨了荷兰水支付制度的产生和发展，并研究了如何通过协商实现水资源各利益方的利益最大化[2]；在意大利，同水价关系最密切的有三

---

[1] Chen et al. Using Cost-Effective Targeting to Enhance the Efficiency of Conservation Investments in Payments for Ecosystem Services [J]. Conservation Biology, 2012 (6): 1469–1478.

[2] De Groot, Roland B A. Broadening the Picture: Negotiating Payment Schemes for Water-related Environmental Services in the Netherlands [J]. Ecological Economics, 2009, 68 (11): 2760–2767.

个行业，即水力发电、公共自来水行业和矿泉水行业，Pettenella，Davidel，Vidale E 等在采用 PES 合并定义分析基础上，结合水的监管框架，对这三个行业在环境服务补偿方面的优劣势进行了分析比较①。总体上看，国外水资源生态补偿无论是在市场实践还是学术研究方面都比较成熟。

在国内，谭秋成认为，由于政府补偿的局限性，有必要在生态补偿中引入市场机制。他定义生态补偿中的市场交易是指，通过市场调节促使生态服务的外部性内部化②。由于跨流域水资源产权模糊性，流域上下游地方政府在水资源开发利用方面协商博弈也是近年国内学者关注的热点，王俊能、许振成等通过演化博弈模型分析了流域上下游实现纳什均衡的条件，并从技术和制度层面提出了实现流域水资源生态补偿的路径③。采用类似方面进行研究的还有闫中月、韩凌芳、接玉梅等。在市场实践方面，水资源市场补偿方式在我国已经有了一些实例，例如，北京密云水库补偿（1996 年）、甘肃张掖可交易水票（2002 年）、浙江绍兴—慈澳水权交易（2003 年）、山西省流域治理——"四荒"拍卖（2004 年）、浙江金东县水权补偿（2004 年）、浙江义乌—东阳水权交易（2005 年）以及山东济南 2012 年开始的水票试点等典型案例。这些形式各异的水资源市场化补偿方式，为今后我国水生态治理提供了可资借鉴的宝贵经验④。

1.4　讨论与研究展望

国内外学者对于水资源生态补偿的理论、主客体、补偿途径和量化

---

① Pettenella, Davidel, Vidale E et al. Paying for Water-related Forest Services：A Survey on Italian Payment Mechanisms [J]. Forest-Biogeoscience & Forestry, 2012, 5 (4)：1 - 6.
② 谭秋成. 关于生态补偿标准和机制 [J]. 中国人口·资源与环境, 2009 (6)：1 - 6.
③ 王俊能, 许振成等. 流域生态补偿机制的进化博弈分析 [J]. 环境保护科学, 2010 (1)：37 - 44.
④ 李小云, 靳乐山. 生态补偿机制：市场与政府的作用 [M]. 北京：社会科学文献出版社, 2007：283 - 301.

标准等进行了广泛探讨,从相关研究文献看,水资源生态补偿经历了由"单一政府主导型"补偿机制向以"政府主导补偿为主,市场调控为辅"的补偿机制转变。今后的水资源生态补偿中以下几个方面应值得重点关注与思考。

一是基于中国区域间水资源时空分布不平衡性和经济发展水平的差异,跨区域水资源生态补偿标准和补偿途径的综合测量方法体系。我国地域广大,各地水资源自然禀赋、经济发展水平、居民环保意识存在很大的差别。事实也证明,并没有适合于国内所有地区的水资源生态补偿制度安排。各地区、流域可以根据具体实际在不违反国家有关环境法律法规的前提下大胆尝试,实现制度创新。

二是如何构建生态补偿机制系统的评价体系,以准确衡量生态补偿实施效果的高低。理论研究方面要探讨多种水资源生态补偿方法和手段,科学测算各地的生态补偿负担水平,尤其应该重视通过市场方式对水资源进行生态补偿的途径和方法。

三是补偿体制创新建设。在水资源生态补偿的制度设计方面既要考虑行政手段,也要考虑经济、法律手段,发挥社会舆论监督。在税制改革大背景下,尤其要重视对水资源费和水排污费的"费"改"税"研究,并在此基础上优化环境税制,促进生态文明建设的国家组合政策的完善。

第 2 章　完善我国水资源生态补偿税费制度必要性研究*

——总量分析与地区评价

2.1　引　言

我国历史上就是一个人口众多的国家，人口众多是造成我国水资源总体利用情况不佳的重要因素。在对我国水资源的政策进行评价并探讨合适的治理优化对策前，对水资源的现状进行全面系统分析十分必要。

我国水资源总体情况应进行历史分析，而地区分析是研究水资源国情的基础。本部分从我国水资源的占有和利用情况以及污染防治情况出发，对我国水资源的基本情况进行相应介绍，主要采用的是历史分析方法和面板数据分析，从我国近年来水资源的占用情况可以看出，我国水资源面临的形势日益严峻。

2.2　我国 2000~2010 年水资源总量分析

2.2.1　2000~2010 年我国水资源时间序列分析

表 2.1 中的数据记录了我国从 2000~2010 年水资源总量情况，其趋

---

* 如不加特殊注明，本章资料均来自国家统计局专题数据之环境统计数据（2010~2011年）。

势变化如图 2.1 所示，从水资源总量曲线的走势可以发现，2004 年、2006 年、2007 年和 2009 年为枯水年；2000 年、2002 年、2003 年、2008 年、2010 年为丰水年；2001 年接近平均水平。

表 2.1　　　　全国历年水资源基本情况（2000～2010 年）

年份	水资源总量（亿立方米）	地表水资源量（亿立方米）	地下水资源量（亿立方米）	降水量（亿立方米）	供水总量（亿立方米）	用水总量（亿立方米）	人均水资源量（立方米/人）	人均用水量（立方米）	万元GDP用水（立方米）
2000	27 701	26 562	8 502	60 092	5 531	5 498	2 194	435.4	554
2001	26 868	25 933	8 390	58 122	5 567	5 567	2 113	437.7	518
2002	28 261	27 243	8 697	62 610	5 497	5 497	2 207	429.3	469
2003	27 460	26 251	8 299	60 416	5 320	5 320	2 131	412.9	413
2004	24 130	23 126	7 436	56 876	5 548	5 548	1 856	428.0	391
2005	28 053	26 982	8 091	61 010	5 633	5 633	2 152	432.1	305
2006	25 330	24 358	7 643	57 840	5 795	5 795	1 932	442.0	278
2007	25 255	24 242	7 617	57 763	5 819	5 819	1 916	441.5	245
2008	27 434	26 377	8 122	62 000	5 910	5 910	2 071	446.2	227
2009	24 180	23 125	7 267	55 959	5 965	5 965	1 816	448.0	210
2010	30 906	29 798	8 417	65 850	6 022	6 022	2 310	450.2	191

资料来源：根据国家统计局专题数据之环境统计数据整理而成。

进一步对水资源总量数据进行挖掘，利用 EViews-6.0 得到图 2.2 中结果，11 年来水资源总量的平均值为 26 870.73 亿立方米；中位数为 2008 年的 27 434 亿立方米，2008 年南方长江流域、珠江流域爆发特大洪水，而北方地区出现缺水干旱情况，两相抵消，这一年水资源总量处于 11 年数据中的中间位置；波峰值和波谷值分别为 2010 年的 30 906 亿立方米和 2004 年的 24 130 亿立方米，绝对相差值为 6 776 亿立方米，占水资源总量平均值的 25.22%，说明枯水年和丰水年水资源总量波动较大；利用标准差（standard deviation）进一步分析波动情况，从图 2.2 可知标准差为 2 017.522，这一数值无论从绝对值和相对值来分析都较大，也印证了前文枯水年和丰水年水资源总量波动较大的说法。

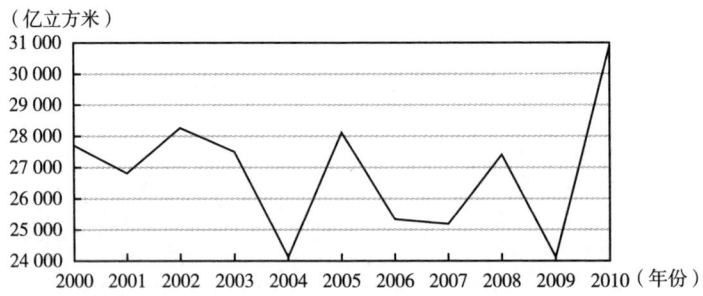

图 2.1　2000～2010 年水资源总量

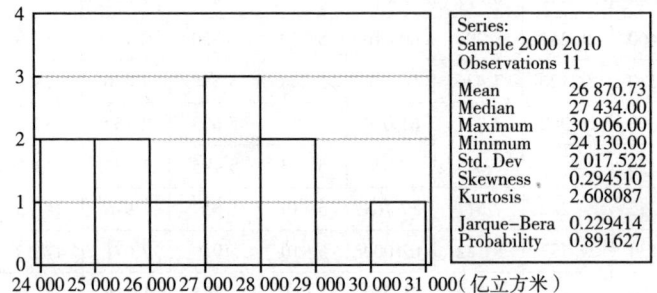

图 2.2　2000～2010 年水资源总量柱状图及相关数据

接下来的两栏分别是偏度值（0.29451）和峰度值（2.608087），偏度值 0.29451 说明水资源总量柱状图相对于正太分布是右拖尾，而峰度值 2.608087 则说明该柱状图近似服从正太分布，最后两栏的 J-B 值及其概率都说明该柱状图近视服从正太分布，这一结论又从侧面反映了我国水资源枯水期和丰水期期数相当，分布较均匀。

2.2.2　供水总量与用水总量

由表 2.1 中的数据可知，全国历年来水资源供水量与用水量除 2000

年外均相等,所以能用图 2.3 反映 2000~2010 年水资源供水总量与用水总量的趋势变化。由图中曲线,不难发现供水量与用水量在这 11 年来呈现出一种总体上升的趋势,反映出我国近 10 年来随着城镇化的推进、经济发展,水资源的供给与需求也随之上升。同时供水量始终与用水量相等,反映出我国对水资源需求旺盛,在供给不断上升的情况下,仍有超额需求。这一方面是我国水资源稀缺性的真实写照;另一方面对我国水利工程建设提出了更高要求。因为超额需求始终得不到满足,水资源的稀缺性会愈发凸显,进而对市场的有效性产生影响,对我国经济发展产生负面效果。

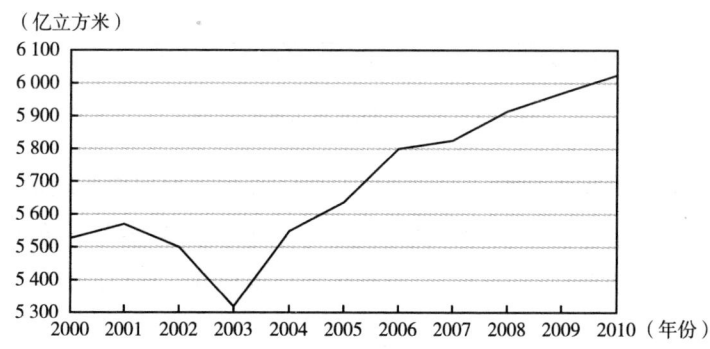

图 2.3　2000~2010 年水资源供水总量与用水总量

2.2.3　人均水资源量和人均用水量

图 2.4 反映了我国 2000~2010 年人均用水量近 10 年来的变化趋势,其走势与图 2.3 水资源供水总量和用水总量的变化情况高度相似,同样可以分为两段:2000~2003 年呈现下降的趋势;从 2003 年开始则始终保持上升趋势,人均水资源量则依赖于水资源总量。这里我们试图寻找人均水源量与人均用水量之间的联系,但从数据上分析这种相关性却极为微弱,因为即使在 2004 年、2006 年、2007 年、2009 年等枯水年,人

均用水量仍然呈现上升趋势。为保证分析的严谨性,对两组数据进行回归分析,结果显示拟合优度仅 0.016,效果很不理想,两组序列的相关系数为 -0.126,说明人均用水量和人均水资源量之间仅存在微弱的相关关系。

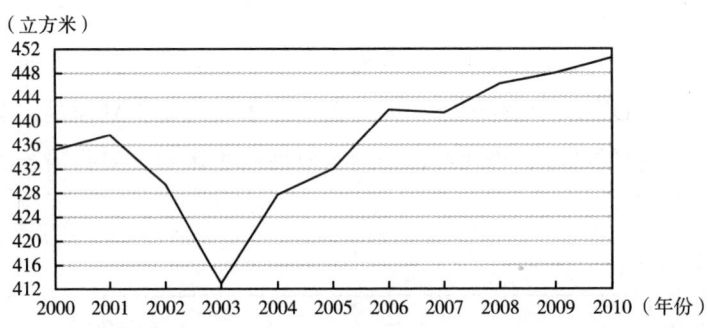

图 2.4　2000~2010 年人均用水量

这种现象需要引起相关部门的警惕,一方面水资源供不应求,是稀缺资源;另一方面,水资源的使用量不以水资源量为参考。长此以往,当水资源的开发到达极限时,用水难的问题将出现,国民经济也会受到沉重打击。

2.2.4　我国水资源的利用率分析

图 2.5 反映了我国 2000~2010 年万元 GDP 用水量,这一指标是用来衡量我国水资源利用率的。图中曲线呈现出明显的下降趋势,万元 GDP 用水量由 2000 年的 554 立方米下降到 2010 年的 191 立方米,下降的幅度达 3 倍之多。虽然水资源使用量总体上呈现出一种上升趋势,由 2000 年的 5 497.6 亿立方米上升到 2010 年的 6 022 亿立方米,增长了 9.54%,但 11 年来我国 GDP 则从 2000 年的 99 214.6 亿元增长到 2010 年的 401 512.8 亿元,增长了 4 倍。这一组数据是我国产业结构转型的真实写照,由以前依靠资源消耗的粗放发展模式转化为当下的资源节约

型、环境友好型的发展模式。曲线的后半段与前半段相比，斜率变小，说明当前经济发展与结构转型都存在一定阻力，在深化发展方式转型的过程中需要兼顾经济发展与水资源的利用效率，在经历产业转型的阵痛期后，不但GDP会保持高速增长，而且资源的利用率有望进一步提高。

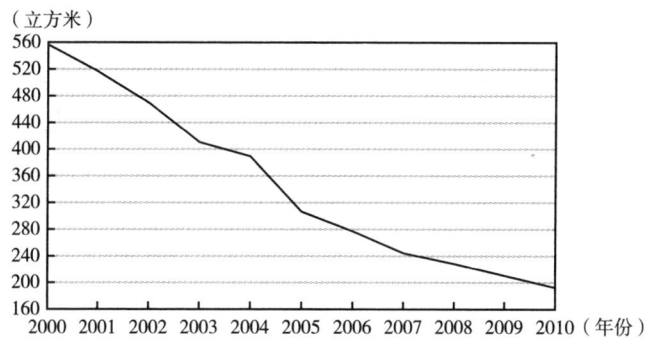

图2.5 2000~2010年万元GDP用水量

2.3 我国各流域水资源总量及供水用水情况

2.3.1 各流域水资源总量

从水资源的地域来看，时空分布极不平衡（见表2.2）。在全国3万亿水资源总量中，松花江流域为1 640亿立方米，占5.47%；辽河流域为812.8亿立方米，占2.71%；海河流域为307.2亿立方米，占1%；黄河流域为679.8亿立方米，占2.27%；淮河流域为962.9亿立方米，占3.21%；长江流域为11 264.1亿立方米，占37.55%；东南诸河流域为2 869亿立方米，占9.56%；珠江区为4 936.1亿立方米，占16.45%；西南诸河流域为5 787.7亿立方米，占19.29%；西北诸河流域为1 646.7亿立方米，占5.49%。水资源的这种空间上的不平衡，促成和加剧了我国水资源供需的矛盾。

表 2.2　　各流域水资源情况、供水用水情况　　单位：亿立方米

流域片	水资源总量	地表水资源量	地下水资源量	降水量	供水总量	地表水	地下水	用水总量
全国	30 906.4	29 797.6	8 417.0	65 849.6	6 022.0	4 881.6	1 107.3	6 022.0
松花江区	1 640.0	1 433.2	476.4	4 946.0	456.6	259.2	197.3	456.6
辽河区	812.8	702.3	235.1	2 260.2	208.9	91.8	113.0	208.9
海河区	307.2	149.0	224.4	1 705.6	368.3	122.5	236.2	368.3
黄河区	679.8	568.9	385.2	3 571.3	392.3	262.6	126.8	392.3
淮河区	962.9	709.8	412.2	2 756.8	639.3	463.5	172.7	639.3
长江区	11 264.1	11 146.1	2 619.1	20 686.4	1 983.1	1 889.7	85.1	1 983.1
东南诸河区	2 869.0	2 858.2	559.9	4 368.3	342.5	333.2	8.5	342.5
珠江区	4 936.1	4 921.3	1 115.9	9 377.0	883.5	840.7	39.6	883.5
西南诸河区	5 787.7	5 787.7	1 422.6	9 262.7	108.0	104.3	3.6	108.0
西北诸河区	1 646.7	1 521.0	966.1	6 915.2	639.5	514.1	124.4	639.5

资料来源：水利部官网。

2.3.2　各流域地表水资源和地下水资源情况

地表水资源量指地表水体的动态水量。2010年全国地表水资源总量29 797.6亿立方米。按流域片计，松花江流域1 433.2亿立方米，辽河流域702.3亿立方米，海河流域149亿立方米，黄河流域568.9亿立方米，淮河流域709.8亿立方米，长江流域11 146.1亿立方米，东南诸河流域2 858.2亿立方米，珠江流域4 921.3亿立方米，西南诸河流域5 787.7亿立方米，西北诸河流域1 521.0亿立方米。地表水源供水量占总供水量的比例为：松辽流域54.5%，海河流域37.9%，黄河流域67.5%，淮河流域68.6%，长江流域95.0%，珠江流域95.2%，东南诸河4%，西南诸河97.3%，内陆河89.0%。流域间的水量调配情况是：海河流域引黄河水51.1亿立方米，淮河流域从长江、黄河分别引

水 10.7 亿立方米、20.2 亿立方米，山东半岛引黄河水 13.5 亿立方米，长江流域从澜沧江和淮河分别引水 0.5 亿立方米、0.2 亿立方米，珠江流域从长江和红河分别引水 0.5 亿立方米、0.3 亿立方米，西北内陆河从黄河引水 0.9 亿立方米。

地下水资源量指降水、地表水体（含河道、湖库、渠系和渠灌田间）入渗补给地下含水层的动态水量。2010 年全国地下水资源量为 8 417 亿立方米。按流域片计：松花江流域 476.4 亿立方米，辽河流域 235.1 亿立方米，海河流域 224.4 亿立方米，黄河流域 385.2 亿立方米，淮河流域 412.2 亿立方米，长江流域 2 619.1 亿立方米，东南诸河流域 559.9 亿立方米，珠江流域 1 115.9 亿立方米，西南诸河流域 1 422.6 亿立方米，西北诸河流域 966.1 亿立方米。

2.3.3 全国水资源总量分析

中国水资源的总量为 28 124 亿立方米，居世界第 6 位，但人均占有量仅居世界第 121 位（见表 2.3）。水资源空间分布不均，有效对我国目前水资源的利用及治理现状予以详细研究，有助于提出解决我国水资源分布不均及水污染问题的途径和相应的措施。

表 2.3　　　　　　　　　全国水资源量情况

年份	水资源总量（亿立方米）	地表水资源量（亿立方米）	地下水资源量（亿立方米）	地表与地下水资源重复量（亿立方米）	降水量（亿立方米）	人均水资源量（立方米）
2000	27 701	26 562	8 502	7 363	60 092	2 193.90
2001	26 868	25 933	8 390	7 456	58 122	2 112.50
2002	28 261	27 243	8 697	7 679	62 610	2 207.22
2003	27 460	26 251	8 299	7 090	60 416	2 131.34
2004	24 130	23 126	7 436	6 433	56 876	1 856.29

续表

年份	水资源总量（亿立方米）	地表水资源量（亿立方米）	地下水资源量（亿立方米）	地表与地下水资源重复量（亿立方米）	降水量（亿立方米）	人均水资源量（立方米）
2005	28 053	26 982	8 091	7 020	61 010	2 151.80
2006	25 330	24 358	7 643	6 671	57 840	1 932.09
2007	25 255	24 242	7 617	6 604	57 763	1 916.34
2008	27 434	26 377	8 122	7 065	62 000	2 071.05
2009	24 180	23 125	7 267	6 212	55 959	1 816.18
2010	30 906	29 798	8 417	7 308	65 850	2 310.41

从图2.6可以看出，我国近10年来水资源总量在一个小的范围内波动，其原因在于我国在不断利用消耗现有水资源的同时，也在不断利用新的技术发掘并利用新的水资源，所以现有的水资源总量会呈现出的一个变化趋势。

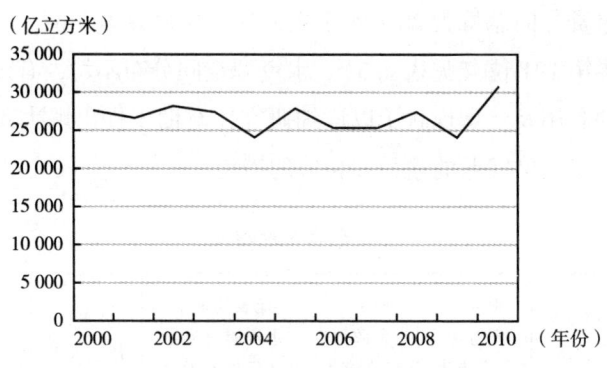

图2.6　我国历年水资源变化趋势

图2.7显示出我国近10年来人均水资源占有量的变换趋势，大致呈一个上下小范围内不断波动的态势，从2009年开始我国人均水资源占有量呈上升趋势，主要原因是：近些年在我国人口数量趋于稳定的情况下，水资源的不断开发，从而使人均水资源占有量持续上升。

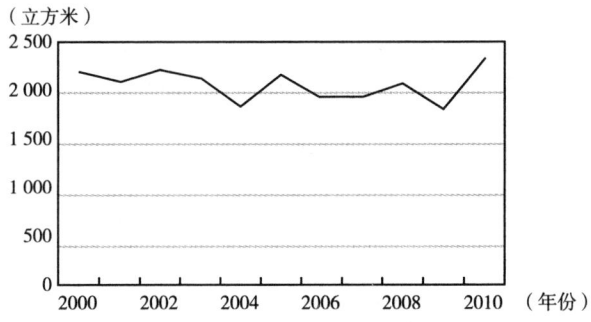

图 2.7　我国历年人均水资源量变化趋势

由表 2.4 和图 2.8 可以看出，我国历年供水总量呈现出先降后升的态势，自 2004 年起，全年供水总量保持持续上升的势头，究其原因，主要在于社会经济不断发展以及居民生活水平不断提高，造成对用水需求的一个提升。

表 2.4　　　　　　　全国历年水资源供用总量　　　　　单位：亿立方米

年份	供水总量	地表水	地下水	其他
2000	5 530.7	4 440.4	1 069.2	21.1
2001	5 567.4	4 450.7	1 094.9	21.9
2002	5 497.3	4 404.4	1 072.4	20.5
2003	5 320.4	4 286	1 018.1	16.3
2004	5 547.8	4 504.2	1 026.4	17.2
2005	5 633	4 572.2	1 038.8	22
2006	5 795	4 706.7	1 065.5	22.7
2007	5 818.7	4 723.9	1 069.1	25.7
2008	5 910	4 796.4	1 084.8	28.7
2009	5 965.2	4 839.5	1 094.5	31.2
2010	6 022	4 881.6	1 107.3	33.1

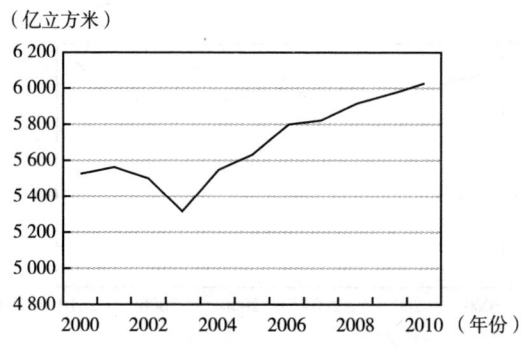

图 2.8 我国历年供水总量变化趋势

由表 2.5 可以得到全国历年来用水总量、农业用水、工业用水、生活用水、人均用水这五个方面的趋势变化（见图 2.9~图 2.13）。

表 2.5　　　　　　全国历年水资源利用总量情况

年份	用水总量（亿立方米）	农业用水（亿立方米）	工业用水（亿立方米）	生活用水（亿立方米）	生态环境补水（亿立方米）	人均用水量（立方米）
2000	5 497.6	3 783.5	1 139.1	574.9		435.4
2001	5 567.4	3 825.7	1 141.8	599.9		437.7
2002	5 497.3	3 736.2	1 142.4	618.7		429.3
2003	5 320.4	3 432.8	1 177.2	630.9	79.5	412.9
2004	5 547.8	3 585.7	1 228.9	651.2	82	428
2005	5 633	3 580	1 285.2	675.1	92.7	432.1
2006	5 795	3 664.4	1 343.8	693.8	93	442
2007	5 818.7	3 599.5	1 403	710.4	105.7	441.5
2008	5 910	3 663.5	1 397.1	729.3	120.2	446.2
2009	5 965.2	3 723.1	1 390.9	748.2	103	448
2010	6 022	3 689.1	1 447.3	765.8	119.8	450.2

第 2 章　完善我国水资源生态补偿税费制度必要性研究　　33

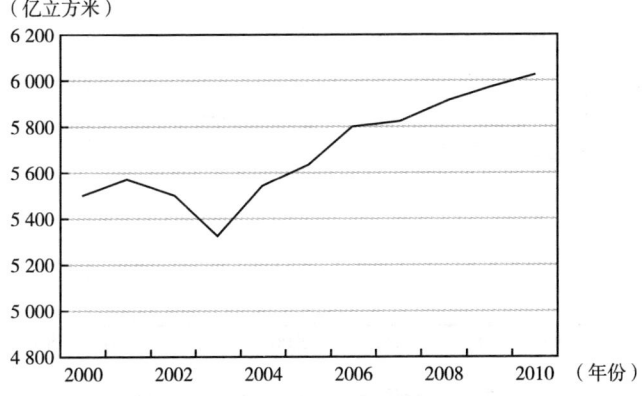

图 2.9　全国历年用水总量趋势变化

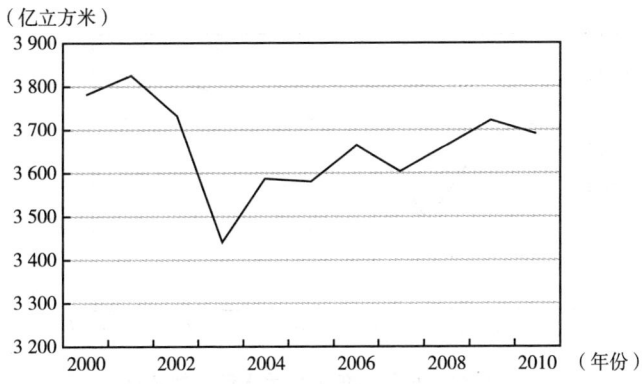

图 2.10　全国历年农业用水量趋势变化

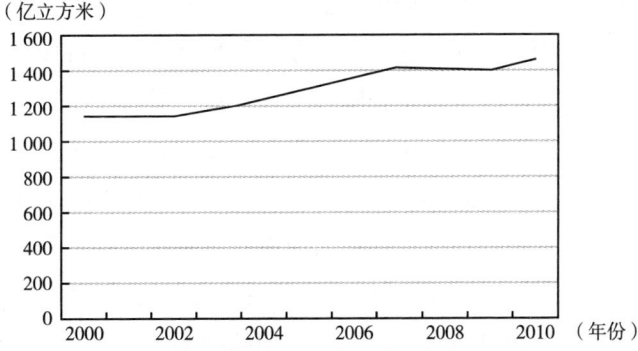

图 2.11　全国历年工业用水量趋势变化

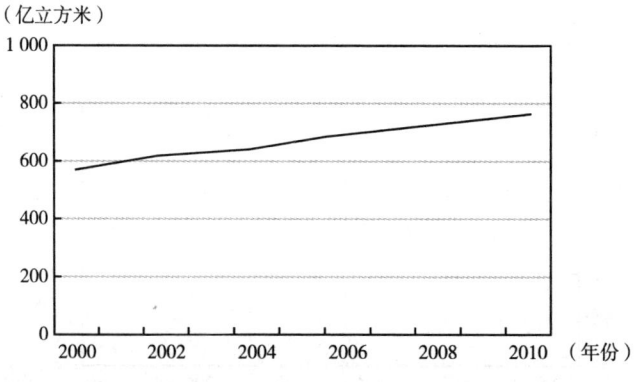

图 2.12　全国历年生活用水量趋势变化

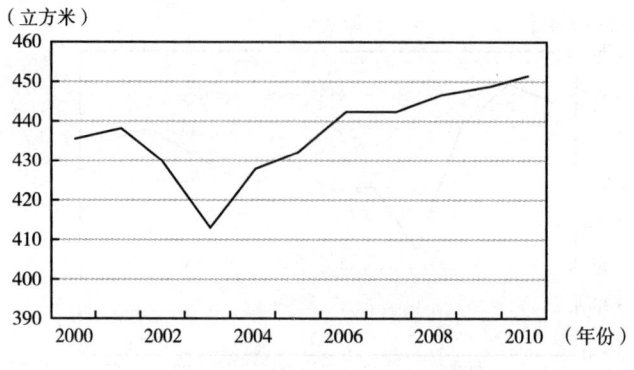

图 2.13　全国历年人均用水量趋势变化

图 2.9 到图 2.13 分别从用水总量、农业用水、工业用水、生活用水、人均用水方面呈现了近 10 年来的一个变化趋势。首先，在用水总量及人均用水量方面，呈现出先降后升的态势。其次，由于近年来我国经济的持续发展，在工业用水方面的需求持续增长，故工业用水量呈现稳步上升的态势。再次，在农业用水方面，也是呈现出先降后升的态势，但是农业用水量的最高点则是出现在样本观察时间的初期，虽然近年来有所上升，但其值相对较低，这种现象是近年来大批农民进城务工，城镇化步伐加快等诸多原因综合作用的结果。最后，居民生活用水近似呈现直线上升趋势，居民生活水平提高，对生活质量的要求提高，

必然对水资源的需求持续攀升。

由表2.6和表2.7分析结果可知：GDP总量与用水总量、人均GDP与人均用水量之间的相关系数均为0.93（大于0.8），说明GDP与用水量之间存在较强的相关性，并且其两者之间呈正相关。

表2.6　　　　GDP、人均GDP、用水总量及人均用水量

年份	GDP总量 （亿元）	人均GDP （元）	用水总量 （亿立方米）	人均用水量 （立方米）
2000	99 214.55	7 857.68	5 497.6	435.4
2001	109 655.17	8 621.71	5 567.4	437.7
2002	120 332.69	9 398.05	5 497.3	429.3
2003	135 822.76	10 541.97	5 320.4	412.9
2004	159 878.34	12 335.58	5 547.8	428
2005	184 937.37	14 185.36	5 633	432.1
2006	216 314.43	16 499.70	5 795	442
2007	265 810.31	20 169.46	5 818.7	441.5
2008	314 045.43	23 707.71	5 910	446.2
2009	340 902.81	25 607.53	5 965.2	448
2010	401 512.80	30 015.05	6 022	450.2

表2.7　　　　GDP、人均GDP、用水量、人均用水量相关系数

	GDP	人均GDP	用水量	人均用水量
GDP	1	0.99	0.93	0.75
人均GDP	0.99	1	0.93	0.75
人均用水量	0.75	0.75	0.93	1
用水量	0.93	0.93	1	0.93

2.4 我国水资源的地区分析

水资源的分布除了从全国层面进行总量指标分析以外,还需要就我国不同省份的水资源占有情况进行更具体的分析。我国地域广大,各地的经济发展程度不一,水资源在全国各省市分布的情况以及各省市对水资源的利用保护现状将是本章研究的重点。在对全国水资源进行总量评价基础上,本章将对我国31个省、直辖市和自治区的水资源分布状况及水资源供给和治理保护状况进行对比分析,以全面了解我国水资源利用和开放的现状。最后构建了一个水资源治理效率指标,对东、中、西部及东北地区水资源的总体治理状况进行评价。2010年我国东、中、西部及东北地区水资源情况见表2.8。

表2.8   2010年东、中、西部地区水资源情况　　　　单位:亿立方米

区域	水资源总量	地表水	地下水	降水量	人均水资源量
全国	30 906.4	29 797.6	8 417.0	65 849.6	2 310.4
东部	6 430.5	6 088.7	1 637.8	12 173.3	1 284.7
中部	7 000.1	6 738.5	1 712.6	13 304.9	1 963.6
西部	15 329.0	15 069.1	4 500.0	34 893.1	4 231.3
东北	2 146.8	1 901.3	566.5	5 478.3	1 964.0

资料来源:水利部官方网站。

2.4.1 水资源总量地区分布

东部地区包括北京、天津、河北、上海、江苏、浙江、福建、山东、广东和海南,是我国经济发展较成熟的地区,区内人口众多,但水资源总量却偏少。东部地区水资源总量为6 430.5亿立方米,占全国水

资源总量的 20.8%，区内水资源分布极不均衡。山东、北京、天津、河北地区水资源总量匮乏；广东、浙江、福建水资源总量却极为充沛，其中，广东为 1 998.8 亿立方米，福建 1 652.7 亿立方米，浙江 1 398.6 亿立方米。这与区内河流分布情况有紧密联系，为解决华北地区用水问题，我国已经启动了南水北调东线工程。

中部地区包括山西、安徽、江西、河南、湖北、湖南六个省，地处中国内陆腹地，起着承东启西、接南进北、吸引四面、辐射八方的作用。水资源总量占全国的 22.6%，区内除山西省和河北省水资源匮乏外，其他省份水资源量充沛，如湖北省为 1 268.7 亿立方米，湖南省为 1 906.6 亿立方米。区内湖北、湖南、江西、安徽等省份一度曾受到洪水威胁，在三峡工程和南水北调相继开展后得到明显好转。

我国西部地区地域辽阔，水力资源蕴藏量居世界第 1 位，而西部地区的蕴藏量占全国的 82.5%，已开发水能资源占全国的 77%，但开发利用尚不足 1%。因为该地区内的大多数水资源为千年不化的雪山，开发难度大，且难以利用，如西藏、新疆、四川。同时，该地区水资源分布极不均衡，时常发生旱灾，如"2010 年西南五省（市区）干旱"，对该地区的生产生活带来了极大的影响。

2.4.2 地表水、地下水含量地区分布

我国水资源主要来自地表水，占水资源总量的 96.4%，这一指标东部、中部、西部、东北地区的比例分别为 94.7%、96.3%、98.3%、88.6%。分析这一指标发现，除东北地区外，东、中、西部地表水占水资源总量与全国总体情况相当，细化到各省份、直辖市情况又有不同。东部北京、天津、河北等地区地下水含量超过或与地表水含量持平；中部地区山西省也表现出这种情况；西部内蒙古、宁夏等地区也出现类似情况；东北地区地表水含量均超过了地下水含量。结合水资源总量分

析，发现水资源总量越匮乏的地区，对地下水资源量的需求就越大，这些地区呈现出的情况也能说明这一点。

2.4.3 人均水资源量地区分布

全国人均水资源量为2 310.4立方米，东部、中部、东北地区的人均水资源量分别为1 284.7立方米、1 963.6立方米、1 964立方米，未能达到全国平均水平；西部地区的人均水资源量为4 231.3立方米，约为全国平均水平的两倍，全国人均水资源量无法准确反映东部、中部、西部、东北地区人均水资源量。进一步分析，各省、直辖市的人均水资源量与该地区的整体水平也不相同。东部地区内海南、福建、浙江人均水资源量分别为5 538.7立方米、4 491.7立方米、2 608.7立方米，不仅高于东部地区1 284.7立方米的平均水平，更远远高于北京、天津的124.2立方米、72.8立方米。中部地区则是山西、河南等缺水地区，人均水资源量低于该地区的平均水平，分别为261.5立方米、566.2立方米；西部地区除宁夏（148.2立方米）、甘肃（841.7立方米）、内蒙古（1 576.1立方米）低于全国平均水平外，其他省（区市）都远远高于全国平均水平，西藏的人均水资源量更是达到153 681.9立方米的惊人水平；东北地区的人均水资源量分别为辽宁1 392.1立方米、吉林2 503.3立方米、黑龙江2 228.6立方米。由此，可以看出，全国东、中、西部的人均水资源量与全国平均水平不同，各地区内部的人均水资源量与该地区的平均水平也不相同，这与我国水资源分布极不均匀有很大关系。

2.5 我国各地区供水和用水情况

表2.9是我国2010年各地区供水和用水的基本情况，本部分以2010年截面数据对我国水资源地区情况进行分析。

表2.9　　　　　2010年各地区供水和用水情况　　　　单位：亿立方米

省(区市)	供水总量	地表水	地下水	用水总量	用水消耗量	人均用水量	工业用水	生活用水	生态环境用水
全国	6 021.99	4 881.57	1 107.31	6 021.99	3 181.18	450.2	1 447.30	765.83	119.77
北京	35.20	7.21	21.19	35.20	20.35	189.4	5.06	15.30	3.97
天津	22.49	16.17	5.87	22.49	14.77	177.9	4.83	5.48	1.22
河北	193.68	36.14	155.98	193.68	142.19	272.3	23.06	23.98	2.87
山西	63.78	29.29	34.49	63.78	49.62	182.2	12.58	10.57	2.65
内蒙古	181.90	92.59	88.63	181.90	120.80	737.9	22.58	15.02	9.78
辽宁	143.67	72.07	67.58	143.67	92.27	329.7	24.99	25.48	3.38
吉林	120.04	75.87	44.17	120.04	62.72	437.6	26.12	16.36	3.72
黑龙江	325.00	178.86	146.14	325.00	175.90	848.6	56.02	17.61	1.76
上海	126.29	126.09	0.20	126.29	22.65	559.7	84.85	23.46	1.22
江苏	552.19	543.52	8.67	552.19	305.64	704.4	191.85	52.91	3.21
浙江	203.04	198.14	4.33	203.04	116.02	378.7	59.70	39.40	9.30
安徽	293.12	265.62	26.61	293.12	154.22	485.0	94.01	30.19	2.22
福建	202.45	197.54	4.65	202.45	69.45	550.2	81.26	22.70	1.29
江西	239.75	229.84	9.91	239.75	105.03	539.1	57.35	27.49	3.89
山东	222.47	127.15	91.31	222.47	145.91	233.5	26.84	36.23	4.64
河南	224.61	88.60	135.14	224.61	128.58	237.8	55.57	36.11	7.34
湖北	287.99	278.15	9.03	287.99	127.74	503.1	117.10	32.40	0.21
湖南	325.17	304.03	21.11	325.17	139.61	501.2	89.75	46.43	3.20
广东	469.01	446.40	21.28	469.01	179.60	456.0	138.76	94.23	8.55
广西	301.58	289.32	11.15	301.58	133.36	637.2	55.23	46.45	5.32
海南	44.35	41.04	3.31	44.35	20.41	511.9	3.83	6.53	0.09
重庆	86.39	84.56	1.77	86.39	41.35	300.0	47.40	18.63	0.53
四川	230.27	210.74	16.88	230.27	112.06	283.8	62.92	37.98	2.11
贵州	101.45	93.75	7.20	101.45	44.61	289.2	34.32	16.47	0.62
云南	147.47	139.01	4.79	147.47	85.23	321.6	25.48	22.79	3.88
西藏	35.20	32.43	2.77	35.20	29.70	1177.7	1.47	2.01	

续表

省(区市)	供水总量	地表水	地下水	用水总量	用水消耗量	人均用水量	工业用水	生活用水	生态环境用水
陕西	83.40	49.51	33.34	83.40	48.76	223.5	12.06	14.83	1.03
甘肃	121.82	96.14	24.24	121.82	79.66	476.3	13.75	10.76	3.03
青海	30.77	25.63	5.03	30.77	18.84	549.2	3.26	3.50	0.82
宁夏	72.37	66.95	5.42	72.37	30.34	1 150.4	4.12	1.78	1.42
新疆	535.08	439.19	95.15	535.08	364.79	2 463.7	11.20	12.75	26.48

2.5.1 各地区供水量分析

各地区供水量在200亿~400亿立方米的省份有浙江、安徽、福建、江西、山东、河南、湖北、湖南、四川；供水量在400亿立方米以上的省（区）有江苏、广东、新疆。地表水占总供水量90%以上的省（区市）有安徽、海南、新疆、江西、宁夏、四川、湖南、湖北、云南、西藏、广东、广西、江苏、浙江、重庆、贵州、福建、上海；地下水供水量占总供水量40%以上的省（市）有陕西、山东、黑龙江、辽宁、河南、山西、北京、河北。

2.5.2 各地区用水量分析

各地区用水量在200亿~400亿立方米的省份有浙江、安徽、福建、江西、山东、河南、湖北、湖南、四川；用水量在400亿立方米以上的省（区）有江苏、广东、新疆。分地区看，各地的用水效率指标也有很大差别。从万元GDP产值用水量看，贵州、海南、江西、黑龙江、青海、内蒙古、广西、甘肃、西藏、新疆、宁夏大于1 000立方米，其中新疆、宁夏为4 000立方米左右。天津、北京、上海、山东、山西、重庆、辽宁7个省、直辖市小于400立方米，其中天津、北京分别为161立方米和201立方米。从人均用水量看，广西、广东、海南、西藏、内蒙古、上海、黑龙江、宁夏、新疆都大于600立方米，其中宁夏、新疆分别为1 800立方米和2 500立方米。重庆、山西、陕西、天津、贵州、四川、河南、安徽、山东9个省（市）小于300立方米，其中山西、重庆不足200立方米。

2.5.3 各地区用水类型分析

从用水类型来分析，可分为工业用水、生活用水和生态环境用水。工业用水占我国用水总量的比重最大，达到45%，为生态用水的12倍，体现出我国产业结构由传统农业向工业转型的趋势。进一步对各地区用水类型进行分析，仅有北京、天津、河北、辽宁、山东、海南、西藏、陕西、新疆等地区的生活用水超过工业用水，其他地区的城市与全国总体情况相当。这一方面是由于北京、天津、河北、辽宁、山东、陕西等地区人口密度大，水资源相对稀缺，生活用水是首要保障问题，不适合将本就稀缺的水资源去发展工业；另一方面，海南、西藏、新疆由于其地理位置因素，不适合大力发展工业，所以生活用水量会超过工业用水。

2.5.4 我国各地水资源利用情况分析

由于到2002年数据中没有给出各城市供水量，而给出的是各城区供水用水量，所以该年数据与往年数据不具有可比性，故在对各地区供水及用水现状分析时主要参考2003~2011年这9年的数据（我国各地区水资源利用情况见附表1~附表9，数据均来源于中国统计年鉴）。

对于各地区用水量的统计比较，我们选择性地选取样本初期、样本中期以及样本末期三个时间段的样本以作图示说明（见图2.14~图2.16）。

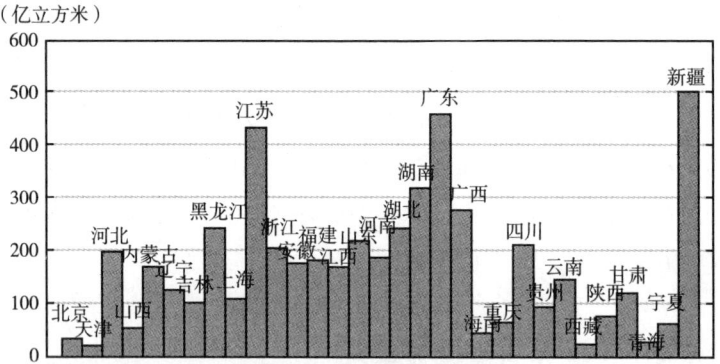

图 2.14　2003 年各地区用水量比较

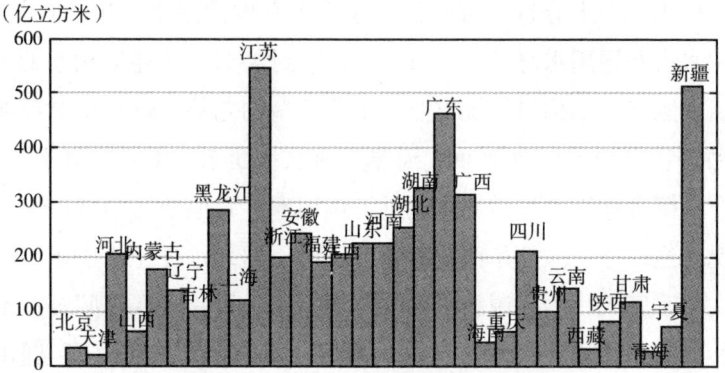

图 2.15　2006 年各地区用水量比较

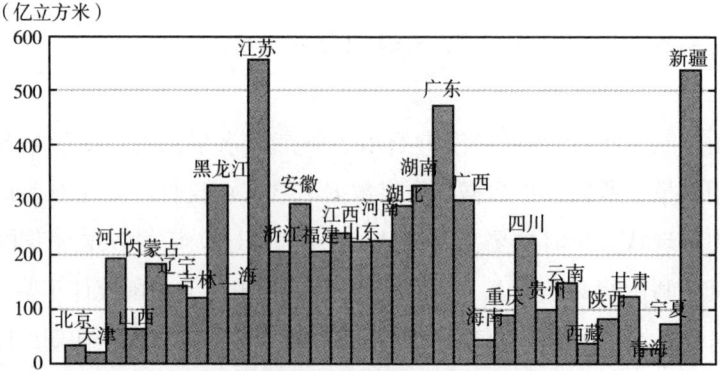

图 2.16　2011 年各地区用水量比较

从图 2.14~图 2.16 的显示结果来看，全国横向比较来看，江苏、广东和新疆用水量居前三，并且江苏在总用水量方面呈现出强劲的上升势头，这与其经济快速发展的实际情况密不可分的。

2.6 我国各地区污水处理情况

2.6.1 我国污水处理情况总体分析

近年来我国逐步加大了污水处理的力度，万元 GDP 用水量呈现逐年下降趋势，反映了我国污水治理的初步成效。但值得注意的是 2000~2010 年，废水排放总量和工业废水排放量、生活废水排放量也在逐年增加，水污染治理的任务日益艰巨，具体见表 2.10。

表 2.10　　　　　全国历年水资源利用率及污水情况

年份	万元 GDP 用水（立方米）	万元工业增加值用水量（立方米）	废水排放总量（亿吨）	工业废水排放（亿吨）	生活废水排放（亿吨）
2000	554	285	415.2	194.2	220.9
2001	518	262	432.9	202.6	230.2
2002	469	239	439.5	207.2	232.3
2003	413	218	459.3	212.3	247
2004	391	204	482.4	221.1	261.3
2005	305	166	524.5	243.1	281.4
2006	278	154	536.8	240.2	296.6
2007	245	140	556.7	246.6	310.2
2008	227	127	571.7	241.7	330
2009	210	116	589.1	234.4	354.7
2010	191	108	617.3	237.5	379.8

图 2.17 中两个指标值可以视为水资源利用率的度量指标，从两个指标值的走势可以看出，无论是我国万元 GDP 用水量还是万元工业增加

值用水量都呈现逐年下降的趋势，说明我国在水资源能耗效率方面有很大进步，也是国家实行科学发展观的积极表现。

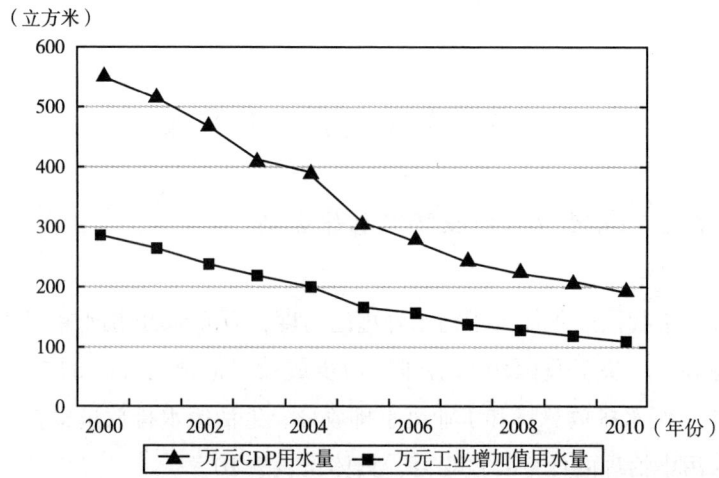

图 2.17　全国历年万元 GDP 用水量及万元工业增加值用水量趋势变化

由图 2.18 我们可以发现，近 10 年来，我国废水排放量呈上升趋势，

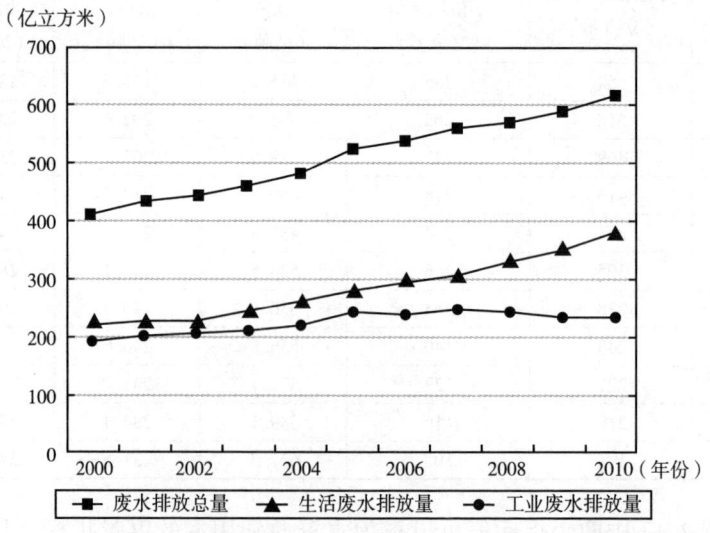

图 2.18　全国历年废水排放总量、工业废水及生活废水排放量趋势变化

我们将废水近似分为工业废水和生活废水两方面。其中，工业废水变化不大，这可能与国家对工业废水这一块抓得比较严相关；而生活废水方面，其排放量呈持续增长态势，所以生活废水排放在今后的环境管制中不容忽视。

2.6.2 我国污水处理情况地区差异分析

通过前部分对全国总体废水排放量的描述，我们可以了解全国废水排放总量呈现逐年上升的态势，并且生活废水在其中占据了很重要的成分。下面，则从个体范围内将各城市废水排放情况作以比较。同样采取类似各城市用水量的比较方式，选取期初、期中、期末三个样本时间数据为代表（2003~2011年各年间各地供水情况见附表1~附表9）。

图 2.19~图 2.21 分别刻画了 2003 年、2006 年及 2010 年三年各城市的废水排放总量的大小。通过图示作简单比较可以得出结论：全国横向比较范围内，广东省和江苏省废水排放量居前两名，该结果也与用水量的分析结果相对应。

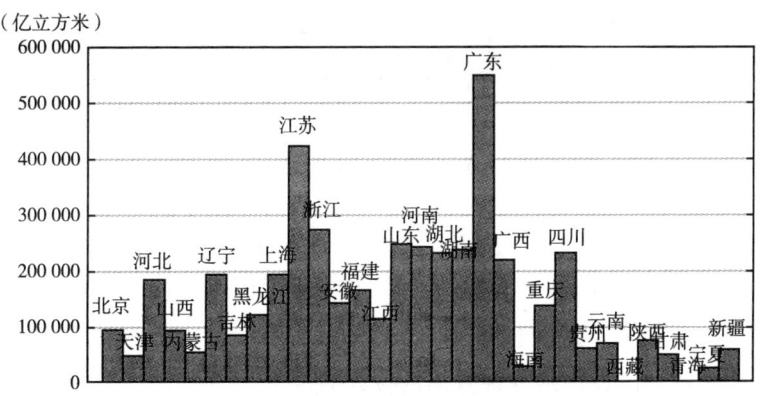

图 2.19　2003 年各地区废水排放总量比较

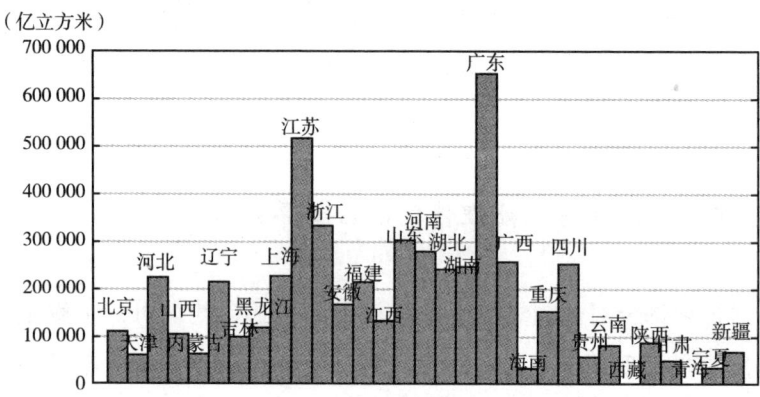

图 2.20 2006 年各地区废水排放总量比较

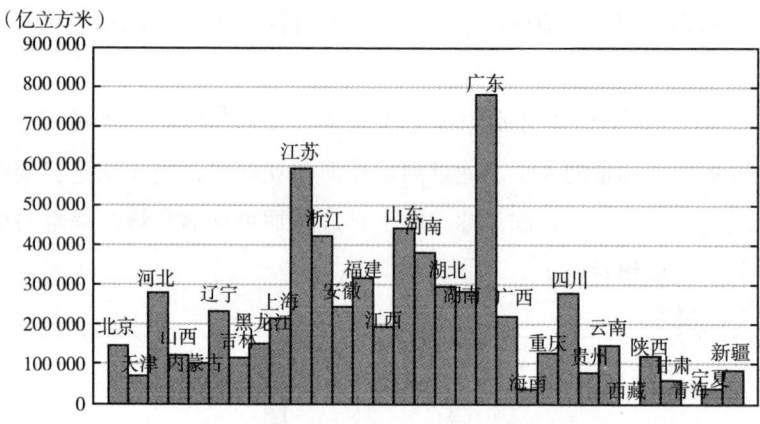

图 2.21 2011 年各地区废水排放总量比较

同样依据收集的数据，分为期初、期中以及期末取 2003 年、2006 年和 2010 年（2011 年数据未更新）三年数据作出各地区在污水处理方面的比较（见图 2.22～图 2.24）。该部分将地区用于污水处理的运行费近似作为各地区在污水处理方面的投入力度。

第 2 章　完善我国水资源生态补偿税费制度必要性研究　　47

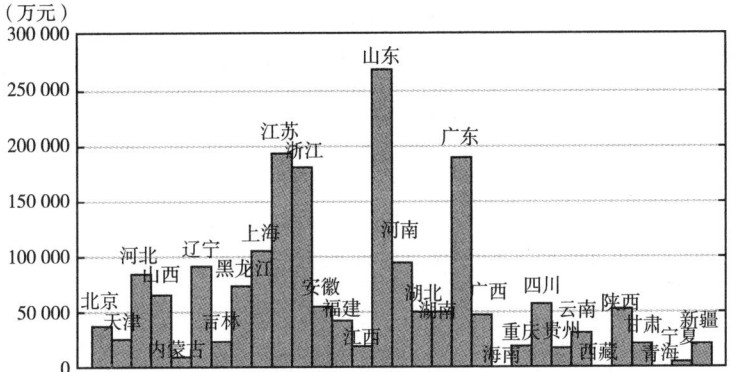

图 2.22　2003 年各地区污水治理运行费用比较

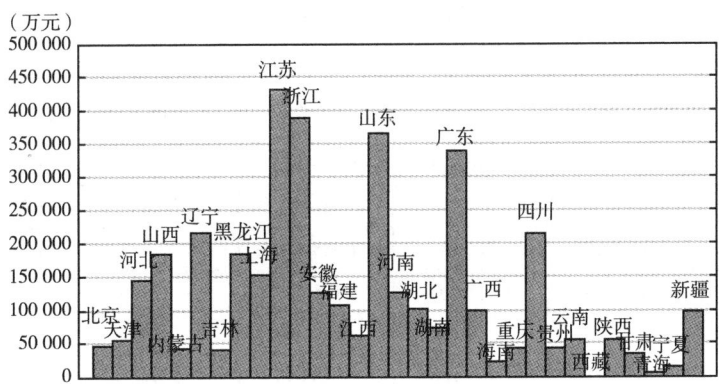

图 2.23　2006 年各地区污水治理运行费用比较

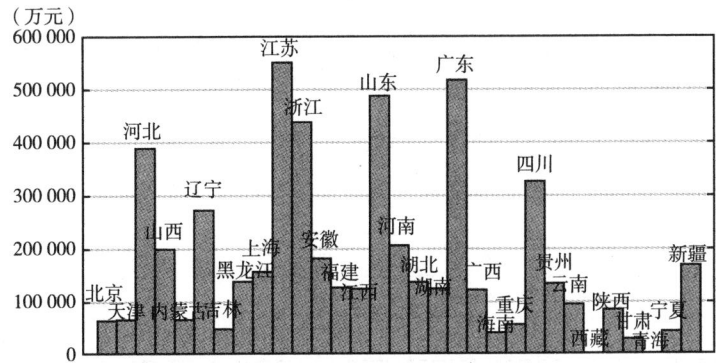

图 2.24　2010 年各地区污水治理运行费用比较

从图 2.22 ~ 图 2.24 可以清楚地看出，在污水治理方面一直投入较大的是江苏、山东、广州、浙江 4 个省份，而河北和四川这两个省份近年来对污水治理方面的投入增长也较快，反映出该地区政府越来越重视当地的污水治理工作。

2.6.3 我国东、中、西部及东北地区废水排放情况分析

2005 ~ 2010 年我国东、中、西部及东北地区废水排放情况见表 2.11 ~ 表 2.14。

表 2.11　　　　　东部废水排放情况　　　　　单位：万吨

年份	废水排放总量	工业废水	生活污水	环境污染投资占 GDP 比重	人均水资源量（立方米）
2005	2 568 671	1 216 274	1 352 397	1.20	1 199.1
2006	2 664 578	1 212 610	1 451 968	1.04	1 230.9
2007	2 745 271	1 226 930	1 518 340	—	1 038.7
2008	2 801 734	1 188 609	1 188 609	1.23	1 147.4
2009	2 921 003	1 160 300	1 760 703	1.14	981.6
2010	3 100 273	1 185 230	1 915 043	1.59	1 284.7

表 2.12　　　　　中部废水排放情况　　　　　单位：万吨

年份	废水排放总量	工业废水	生活污水	环境污染投资占 GDP 比重	人均水资源量（立方米）
2005	1 130 577	487 906	642 671	0.85	1 560.5
2006	1 165 671	499 612	666 059	0.85	1 428.1
2007	1 216 311	511 564	704 747	—	1 370.9
2008	1 232 888	496 009	736 879	0.97	1 455.1
2009	1 292 672	508 398	784 274	—	1 277.7
2010	1 361 204	533 982	827 222	1.08	1 963.6

表 2.13　　　　　　　　　西部废水排放情况　　　　　　　单位：万吨

年份	废水排放总量	工业废水	生活污水	环境污染投资占 GDP 比重	人均水资源量（立方米）
2005	1 115 087	535 519	579 568	1.16	4 279.5
2006	1 112 261	510 878	601 383	1.13	3 664.0
2007	1 179 085	554 747	624 338	—	3 979.8
2008	1 251 381	571 557	679 824	1.14	4 326.0
2009	1 239 824	528 248	711 576	—	3 672.2
2010	1 259 892	506 423	753 469	1.45	4 231.3

表 2.14　　　　　　　　　东北废水排放情况　　　　　　　单位：万吨

年份	废水排放总量	工业废水	生活污水	环境污染投资占 GDP 比重	人均水资源量（立方米）
2005	430 751	191 419	239 332	1.22	1 567.5
2006	425 777	178 846	246 931	1.23	1 244.9
2007	427 827	—	—	—	1 014.9
2008	430 798	160 336	270 462	1.14	975.8
2009	437 378	146 910	290 467	—	1 340.7
2010	451 195	149 098	302 097	1.23	1 964.0

　　表 2.11～表 2.14 数据来源于国家统计局的环境统计数据，由于该数据仅有 2005～2010 年的完整数据，所以在此取这 6 年的数据将中国划分为：东、中、西部以及东北四个地区作比较分析，见图 2.25～图 2.26。

　　图 2.25～图 2.26 可以分析得出结论：在人均水资源占有量方面，西部地区人均水资源占有量明显高于东、中部以及东北地区，这与西部地区地广人稀的地理因素密不可分；而在污水排放量方面，东部地区废水排放总量居首，原因在于该地区经济发展较快，人们生活水平相对较高，所以对水资源的消耗相对较大，故其废水排放量最大。

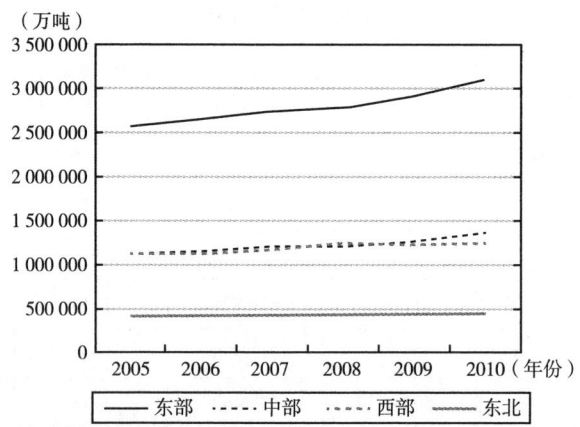

图 2.25　东、中、西部及东北全年废水排放总量比较

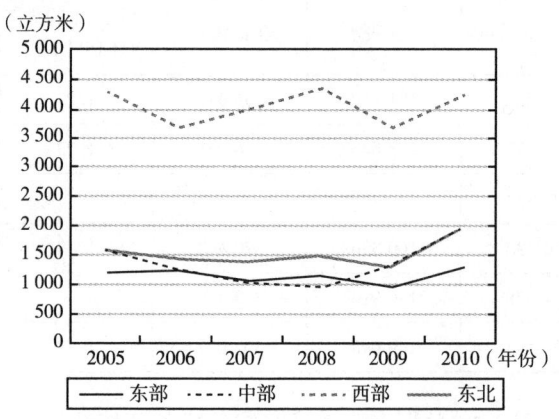

图 2.26　东、中、西部及东北人均水资源占有量比较

以上所作的分析，仅仅局限于地区间表面的比较，或是单个各地在纵向时间跨度上的分析，下面则采取具体的统计指标作详细分析。本书构建了废水治理效率指标对地区间废水处理的情况进行比较分析模式，其表达式为：

$$废水治理效率 = \frac{(废水治理运行费/CPI)}{废水排放总量} \tag{2.1}$$

废水治理效率评价结果可以视为各地区在治理废水方面的运行成本,简言之,即为治理每万吨废水所花费的费用,其值越低说明治理效率越高。由式(2.1)分别计算东(将统计年鉴中东北三省并入东部地区)、中、西部历年污水治理效率,见表2.15~表2.17。

表 2.15　　　　　东部地区废水排放及治理情况

年份	2003	2004	2005	2006	2007	2008	2009	2010
废水排放总量(亿吨)	25.79	27.23	299.94	30.90	317.31	323.25	335.84	355.15
全年运行费用(亿元)	132.38	167.03	185.29	250.40	277.58	291.41	304.37	330.73

表 2.16　　　　　中部地区废水排放及治理情况

年份	2003	2004	2005	2006	2007	2008	2009	2010
废水排放总量(亿吨)	1 051 845	1 095 434	1 130 577	1 165 671	1 216 310	1 232 888	1 292 673	1 361 204
全年运行费用(亿元)	343 723.8	474 003.5	532 875	677 442	708 349	830 277	878 470	989 552

表 2.17　　　　　西部地区废水排放及治理情况

年份	2003	2004	2005	2006	2007	2008	2009	2010
废水排放总量(亿吨)	962 192	1 006 154	1 115 087	1 112 261	1 179 084	1 253 865	1 239 827	1 259 892
全年运行费用(亿元)	297 480.3	301 302.2	381 097	703 556	796 162	784 628	862 836	1 156 547

根据式(2.1)计算的我国东、中、西部地区污水治理效率情况,见表2.18。

表 2.18　　　　东、中、西部污水治理效率（成本）比较

年份	2003	2004	2005	2006	2007	2008	2009	2010
东部	0.51	0.59	0.61	0.80	0.83	0.85	0.91	0.90
中部	0.32	0.42	0.46	0.57	0.56	0.64	0.68	0.70
西部	0.31	0.29	0.34	0.62	0.64	0.59	0.70	0.89

由表 2.18 可以看出，东、中、西部地区在污水治理方面的工作效率。利用上述计算结果可以作出图 2.27。

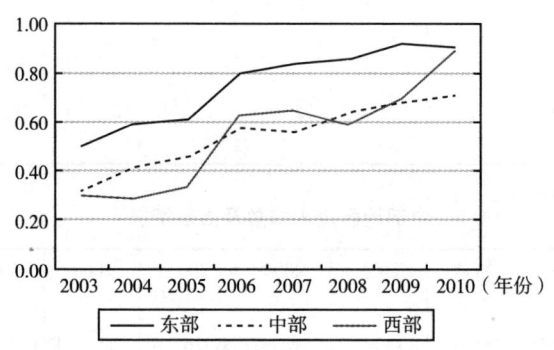

图 2.27　东、中、西部废水治理效率（成本）趋势

由图 2.27 观察可以发现，东部地区在废水治理方面的成本一直稳居首位，说明其在废水治理方面效率偏低；而西部地区废水治理成本上升较快，并且波动较为剧烈，特别在近年来上升速度明显加快，应该引起当地政府的重视，并采取相应措施压缩成本；中部地区的情况较为平稳，虽然其治理成本呈上升趋势，但速度相对缓慢，故其存在可借鉴之处。

2.7　简要结论和启示

通过上述对我国水资源的利用情况进行纵向对比分析，并就水资源的资源占有量和地区差异情况进行横向对比分析发现，我国水资源呈现

以下特征：

一是从历史对比分析发现，供水量与用水量在近10年呈现出一种总体上升的趋势，反映出我国近10年来随着城镇化的推进和经济发展，水资源的供给与需求也随之上升。同时，供水量始终与用水量相等，反映出我国对水资源需求旺盛，在供给不断上升的情况下，仍有超额需求。2003~2009年，我国人均水资源占有量呈上升趋势，主要原因是近年来在我国人口数量趋于稳定的情况下，水资源的不断开发，从而使人均水资源占有量持续上升。2004年起，全年供水总量保持持续上升的势头，主要原因在于社会经济不断发展以及居民生活水平不断提高，造成对用水需求的一个提升。

二是水资源空间分布不平衡，促成和加剧了我国水资源供需的矛盾。水资源总量越匮乏的地区，对地下水资源量的需求就越大，地下水资源利用和保护现状堪忧。水资源的供需矛盾十分突出，同时水环境又不断恶化，使得水资源问题日益成为我国社会经济发展的重要制约因素。

三是近年来各地加大了生活污水和工业废水治理力度，城市环境基础设施建设也得到了加强，但实际中仍然存在污水管网不配套的问题。另外，某些已建的城市污水处理厂的运行机制、收费政策、监督管理等方面存在的问题也影响了污水处理率的提高，我国废水治理的整体效果还有很大完善空间。在地区废水治理效率对比上，中西部地区近年来上升较快，而经济发达的东部地区近年来废水治理效率还有待提高；在废水治理成本方面，中西部地区还有很大的降低空间。

四是在用水总量及人均用水量方面，呈现出先降后升的态势。由于近年来我国经济的持续发展，工业用水方面的需求持续增长，故工业用水量呈现稳步上升的态势。在农业用水方面，也呈现出先降后升的态势，但是农业用水量的最高点则是出现在样本观察时间的初期，虽然近年来有所上升，但其值相对较低，这种现象是近年来大批农民进城务工、城镇化步伐加快等诸多因素综合作用的结果。

　　对全国水资源进行历史纵向分析和国际对比分析发现，就全国而言，近年来我国水资源的单位利用效率在逐步提高，但水资源从人均占有量这一指标上看，呈现出逐步缓慢下降的趋势，而水资源的污染情况却日趋严重。

第3章 水资源生态补偿税费制度国际比较*

3.1 引　　言

水资源是全球重要的自然资源，水资源在世界范围内分布严重不均衡。我国是世界上最大的发展中国家，了解我国水资源在全球分布格局中的地位和现实情况是充分认清我国国情，制定合理水资源发展战略的基础。本章拟对我国水资源占有和利用情况与国际典型国家进行对比分析。

3.2　水资源利用情况国际对比分析

3.2.1　同美、日、英、法、加等发达国家的对比分析

世界水资源分布极不均匀（见表3.1），有些地区大水泛滥，而有的地区却因干旱导致居民死亡——或者沦落成难民而举家迁移。例如，加

---

* 如不加特别注明，本章数据资料均来自《中国统计年鉴（2010）》。

拿大有着与中国同样多的水资源,然而加拿大的人口只有中国的2.5%,人均淡水量资源远高于中国。中国淡水资源总量居世界第四位。人均资源量居世界82位,不到世界水平的1/3。

表3.1　　　　世界水资源分布及对于人口比例的承载力

地区	(A)水资源(%)	(B)人口(%)	A/B
亚洲	36	60	1.7
欧洲	8	13	1.6
非洲	11	13	1.2
北美洲	15	8	0.5
南美洲	26	6	0.2
大洋洲	5	1	<0.2

资料来源:世界水资源评估工程。

中国是一个干旱缺水严重的国家,淡水资源总量为28 000亿立方米,占全球水资源的6%,居世界第四位,仅为世界平均水平的1/4、美国的1/5,在世界上名列121位,中国用水总量排世界第二。但是,与发达国家相比,中国人均用水量并不多,2010年仅为450立方米,远低于美国(1 150立方米,2007年数据)、加拿大(1 468立方米,2002年数据)。

世界自然基金会专家指出,中国面临着水少、水脏、水浑、水生态退化等水问题。同时在该机构发布的名为《富有的国家,贫穷的水资源》报告中,也首度研究了发达国家水资源的整体情况,并指出,一直以来被认为是世界上穷国的水资源危机目前也正在威胁世界上一些最发达国家。

北美五大湖是世界上最重要的淡水资源,但是由于多年来的工业开发和利用,导致有毒物质入侵水体严重。恢复"欧洲之肾"——莱茵河的努力虽然赢取了一些成就,但是从更大范围来看,其修复莱茵河的效果值得商榷。报告估计欧洲河流的流量到2050年将减20%~30%,到

2075年将减少40%~50%。电力业的发达,钻井和水泵技术的发展,导致对地下水的过度使用,美国亚利桑那州的地下水水位平均每年下降1米,硝酸盐等污染物成为欧洲地下水的主要问题。大坝和调水工程并没有阻止欧洲最干旱的国家变得越来越干旱,美国科罗拉多河上的水利工程,使得只有0.1%的河水能够留到入海口。

发达国家的水资源危机表明,富有以及水利工程并不能保证不存在水资源匮乏、污染、天气变化以及干旱等问题。经济上的富有并不代表水资源的充足。水资源必须在全球范围内得到更加高效的利用。水资源缺乏和水污染正在变得越来越普遍,寻找解决方案有赖于富裕国家和贫穷国家共同的努力。

3.2.2 同印度、俄罗斯、巴西的对比分析

巴西、俄罗斯、印度、中国作为全球最大的四个新兴市场国家被称为"金砖四国"。这四个国家的水资源拥有量各不相同。金砖四国国土辽阔,资源丰富,所以从总量上看,在全球均排名前列,排序分别为:巴西69 500亿立方米(全球第一)、俄罗斯42 700亿立方米(全球第二)、中国27 115亿立方米(全球第六)、印度20 850亿立方米(全球第八)。

加入人口因素后,各国人均水资源量呈现出巨大差异:巴西29 037立方米/人,俄罗斯24 484立方米/人,中国2 113立方米/人,印度1 252立方米/人。中国和印度的人均水资源占有量不及巴西和俄罗斯的1/10,这与中国和印度是人口大国有密切联系。根据表3.2中数据,联合国环境署将印度列为存在"水资源压力"的国家(人均水资源1 000~1 700立方米),将中国列为"水资源脆弱"国家(人均水资源1 700~2 500立方米)。人口过多的又一结果是中国和印度的用水量分别是世界第二、第一,远远超过俄罗斯和巴西。中国目前用水总量已经突破了

6 000亿立方米，约占水资源可开发量的74%，很多地方水资源的形势十分严峻，需要引起高度重视。

表3.2　　　　　　　　　金砖四国水资源量比较

	中国	印度	巴西	俄罗斯
水资源总量（亿立方米）	27 115	20 850	69 500	42 700
人均水资源量（立方米/人）	2 113	1 252	29 037	24 484

3.3　欧洲水资源税（费）实践及经验：以俄、荷、德和法国为例

欧洲是世界上较早开始系统对水资源进行立法保护并征收水资源税（费）的地区。俄罗斯、荷兰、德国等国在水资源税（费）征收管理方面都积累了丰富的实践经验。

3.3.1　俄罗斯：水资源税

水资源税立法情况。俄罗斯是个自然资源非常丰富的国家，水资源十分丰富，2010年，人均可更新淡水量达31 877立方米，位居世界前列。丰富的水资源不仅为俄罗斯提供了良好的自然环境，而且为灌溉、旅游、渔业生产等提供了有利条件。俄罗斯有关水资源税的立法依据是1995年通过并颁布的《俄罗斯联邦水法》。这部法典规定了俄联邦、州和地方的水权关系。《俄罗斯联邦水法》以及其他法律法规和主体法律制度共同组成了俄罗斯水资源税制的立法体系。自2005年1月起，根据《俄罗斯联邦税法》第25章第二部分关于水资源税的规定，俄罗斯开始征收水资源税，取代之前征收的水资源费。

纳税人。按照《俄罗斯联邦税法》规定，在俄境内从事相关的或是具体的用水单位和个人都是水资源税的纳税人。

征税范围。主要包括引用水或调水，专用水域的取水，水电工程用水和漂运木材用水等。根据《俄罗斯联邦税法》，基于健康治理目的的用水、用于灾害和消防目的的用水以及鱼类养殖业用水等 15 种情况不属于水资源税征收范围。

税基和税率。工程调水的税基需要根据纳税期间的水流流速和用水量确定；在专用水域上用水，根据用水许可证或是用水协议上约定的用水面积确定税基；水力发电和森林采伐则参照发电量和木材量确定相应税基。水资源税的税率需要综合考虑不同因素，如不同季节、不同河流对森林采伐业征收的水资源税税率也不相同。居民用水的水资源税税率大致为每千立方米 70 卢布，相比大多数欧洲国家，这个税率明显偏低。

税收优惠。俄罗斯在普遍征收水资源税的同时也对一些关系国计民生的水资源使用给予了税收优惠，重点集中在基于国民健康的水资源使用、环保航运、渔业生产、土壤改良、国防用水以及残疾人服务和儿童游乐场用水等方面。

水资源税征管和使用。水资源由纳税人根据税法自行计算后向所在地税务机关申报缴纳，缴纳期限不得晚于本次纳税期间开始的 20 天，对于延期缴纳水资源税的要根据应缴未缴税款的 0.3% 按天加收滞纳金。根据《俄罗斯联邦水法》第 124 条，水资源税款 40% 纳入联邦预算，剩下的 60% 纳入联邦主体预算。水资源税虽占俄联邦税收收入的比重不高，但专款专用，对治理保护境内水资源发挥了重要作用。

3.3.2 荷兰：地下水资源税

荷兰是欧洲人均水资源量相对丰富的国家，2010 年人均可更新淡水量为 5 426 立方米。尽管淡水资源丰富，荷兰非常重视对水资源的利用和保护，2010 年废水收集系统人口比重和废水处理厂受益人口比重均为 99%，远远高于世界平均水平。荷兰还是世界上最早开征水资源税的国家之一。

水资源税立法情况。为有效保护和利用水资源，荷兰早在 1970 年就通过了《地表水污染法案》，1981 年又通过了《地下水法案》，并于 1995 年 1 月开始对开采和使用清洁地下水征收水资源税。

纳税人：开采地下水的个人和开采机构的业主。

征税范围。荷兰的水资源税只对地下水资源征收（不仅对工业用水征收，还对居民用水征收），对地表水用水不征收。

税基和税率。根据《地下水法案》，水资源税税基是所开采的地下水数量，实行全国统一的税率。饮用水企业适用的税率为 0.34 荷兰盾/立方米，其他单位和个人适用的税率为 0.17 荷兰盾/立方米。总体来说，荷兰的水资源税税率偏低，还不到饮用水成本的 1%，节约水资源的效果不明显[①]。

税收优惠。取水后地下水回渗或回排的，可以在税前扣除；使用地下水制成的饮料，使用了环保包装的，可以申请税收减免；使用地下水进行冷却或供热，使用后完全回排的，可以减免税款。另外，农业实验或灌溉、环境保护用水、建筑业工地为排水而开采地下水等情况，免征水资源税。

水资源税征管和使用。荷兰的水资源税征收管理由分布全国的水资源管理委员会负责。水资源管理委员会是一个专门负责水资源利用和保护的省属专门机构，由社会不同利益群体代表组成，有官员、学者和普通民众，具有广泛的代表性。水资源税专款专用，主要用于地下水的研究、管理和成本补偿方面支出。

---

① 周国川. 国外水资源保护税税制比较研究 [J]. 水利经济, 2006 (9): 28 – 31.

3.3.3 德国：水资源税

水资源税立法情况。德国人均淡水资源并不丰富，人均可更新淡水量仅为 2 140 立方米。德国在水资源利用和保护方面做了很多工作，2007 年其废水收集系统人口比重达 96%，废水处理厂受益人口比重为 95%。该比例在欧洲仅次于荷兰。

德国在水资源税方面的立法实践较早。20 世纪中期，联邦德国曾在全国推广统一的水资源税提案，但最后并未获得通过。目前，德国还没有统一的水资源税法，而是由各州自行立法征收水资源税。典型的是最早在德国征收水资源税的巴登—符腾堡州（Baden-Württemberg）（1988 年）和汉堡州（Hamburg）（1989 年）。在德国，水资源税往往作为一种对为改善水环境而遭受利益损失的特殊群体进行补偿的方式。例如，最早开征水资源税的巴登—符腾堡州，最初征收水资源税的目的是为了对限用化肥的农民进行补偿。

纳税人：在巴登—符腾堡州，取用地表或地下水资源的组织和个人均需缴纳水资源税；在汉堡州，地方政府仅对取用地下水资源的单位或个人征收水资源税，取用地表水的单位和个人不用缴纳水资源税。

征税范围。巴登—符腾堡州水资源税的征税范围包括地表水和地下水，汉堡州则只对地下水资源征收水资源税。

税基和税率。德国根据水资源取用量征收水资源税，税率的确定方面，不同州的税率标准不同。巴登—符腾堡州水资源税的税率根据不同水源和不同的用途而有区别，一般而言，取用地下水的税率高于取用地上水的税率。汉堡州水资源税依据取水许可证授予的取水量征收，当实际取水量超过许可取水量时，按照实际取水量征收；水资源税的税率根据不同地区和水质而有不同，一般而言，取用水质好的地下水比取用含氧较高的浅层地下水要缴纳更高的水资源税，而公共供水取水的税率一般低于其他取水的税率。

税收优惠。在巴登—符腾堡州，年取水量在 2 000～3 000 立方米的单位和个人减半征收水资源税，年取水量小于 2 000 立方米的单位和个人不用缴纳水资源税①。同时，政府对一些耗水量巨大的生产企业也给予了一些优惠政策，以减轻这些企业的负担。在汉堡州，年取用地下水不足 1 万立方米的单位和个人可免于缴纳水资源税。

水资源税征管和使用。德国各州对水资源税的征收管理具有较大自主权。水资源税收入占联邦财政收入的比重不高，如巴登—符腾堡州一年征收的水资源税收入大致为 7 000 万欧元。这些收入主要用于对在水资源利用保护中利益受损群体的补偿。

3.3.4　法国：水资源费

水资源费立法情况。法国的水资源立法最早可以上溯至 1919 年颁布的《水法》，现有水法是 1992 年修订后颁布。水资源费在 1996 年开征，主要对水的开采和使用征收，以促进水资源的利用和保护。法国的 1992 年《水法》明确规定，水是全民共同财产的组成部分，尊重自然平衡的规则，保护水，提高水的使用价值，开发利用水资源，要符合所有人的利益，在遵守法律、规定以及以前所立法规的情况下，使用水是所有人的权利。②

法国水资源费征缴依据与构成。在法国，水费和水资源费是两个不同概念，水费的构成比较复杂，主要包括引用水费用（占水费 40%，类似国内水资源费）、管理费（占水费 20.5%）以及国家引水发展基金等。1997 年法国水费征收标准平均为 16 法郎/立方米。流域管理机构不

---

① 王敏，李薇. 欧盟水资源税（费）政策对中国的启示 [J]. 财政研究，2012（3）：57-60.
② 法国水资源优化配置与管理系统 [DB/OL]. 水信息网，http://www.hwcc.gov.cn/pub/hwcc/ztxx/xgzt/12335/12340/200209/t20020906_46059.html

同，水费缴纳标准有较大差异。法国水资源费按照所取用水的数量征收，所征额根据所取用水的地理位置和水的类型（地表水或地下水）而有不同。在计算水费时，既要考虑取水的数量，也要考虑最终有多少水返流取水源。例如，根据法国里昂水务提供的数据，里昂自来水水费为每立方米1.386欧元，约占里昂水务征收水费的42%[①]。

水费征管和使用。根据1964年法国《水法》（64/1245号），法国境内设立了6个流域管理机构，流域委员会负责收费依据和费率的确定，水利管理局负责水费的征收。在法国，每年的环保资金都要编制专门支出预算，并由专门的审计部门负责对预算执行和资金使用情况进行监督，真正做到专款专用。

3.4 欧盟水排污税制度变迁和基本状况

目前国外围绕水资源生态补偿的税制主要有两种，即水排污税和水资源税。水排污税是针对废水排放单位和个人征收的一种税，水资源税则是向水资源的抽取和消费行为征收的一种税。这两种税收都以合理保护和利用水资源为目标，以有效实现水资源的生态补偿。

3.4.1 欧盟水排污税立法与实践

法国早在1968年就开始征收水排污税，将水排污税的对象分为家庭户和非家庭户分类征收。前者适用于人口大于400户的所有城镇；后者则适用于那些排污量相当于200个居民户排污负荷的单位。政府对每

---

① 城市供水和污水处理的波尔多账本［DB/OL］. 水信息网，http：//www.hwcc.gov.cn/pub/hwcc/ztxx/xgzt/12335/12338/200808/t20080815_203444.html

个排污口的排污种类和数量测算后，根据相应的税率确定其水排污税数量①。

荷兰也是世界上较早征收水排污税国家之一。1970年荷兰政府通过了《地表水污染法案》，开始对地表水征收水污染税，该法案规定水污染税由水资源管理委员会代表政府征收，征收对象是向地表水及净化工厂直接或间接排放废弃物、污染物和有毒物质的单位和个人。水污染税实行差别税率，税率根据不同地区污水种类耗氧量和重金属含量进行确定②。

德国1994年颁布了《废水纳税法》，1998年又对该法案进行了修订。德国水排污税的征税对象不仅包括地表水，还包括排入地下的污水，征收面更广。德国很早就建立了比较健全的水排污税制度，在1981年开始征收水排污税，水排污税以"污染单位"（相当于居民一年的污染负荷）为基准在全国统一征收。到2007年，德国的每污染单位的水污染税为35.79欧元。

3.4.2 欧洲水污染税的征收管理

法国水排污税税收征管主要由分布在各个河流流域的流域委员会和水利管理局负责，流域委员会的主要职责是负责水排污税税基和税率的制定，而水利管理局则负责水排污税税款的具体征收工作。流域委员会根据非家庭单位排污口的污染物种类和数量确定其相应的应纳税额；家庭户的水排污税采用每立方米水费附加方式征收，征收相对比较简单③。

---

① 李京坤. 法国的环保税制简介 [J]. 江西财税与会计，2000 (9)：47-48.

② 任婷婷，王光宇. 荷兰水资源税制对我国开征水资源税的启示 [J]. 现代商业，2010 (4)：85-86.

③ 孙漪璇. 国外水污染税制度比较及构建我国水污染税制的设想 [J]. 济宁学院学报，2008 (8)：37-40.

在荷兰，水污染税的征收由代表政府分布在全国的近30个省级水资源委员会征收，每个水资源委员会负责一个特定区域。水排污费的税基是污水的耗氧量、重金属含量以及废水的排放量。税率根据不同地区的水净化处理成本而有所差异，即实行的是差别化税率。水排污税税收收入用于地表水的保护和治理，经费上实行专款专用。荷兰的水排污税在征收管理上给予地方政府较大的税权，有利于地方政府根据本地实际制定合适的税基和税率，从而保障水排污税的高效征收。

德国的水排污税由联邦的各个州征收，水排污税的纳税义务人是直接将污水排入地表或地下的单位和个人。德国仅对排入天然水域的污水征税，对通过市政管网流入污水处理厂的污水不征水排污税而是征收污水处理费，这样就明确了排污税的征税对象。

3.5 欧洲水资源生态补偿税费制度的基本经验

3.5.1 欧洲水资源税费制度的经验启示

以德国、法国、俄罗斯和荷兰等为代表的欧洲国家注重水资源的利用和保护，至20世纪中后期以来，陆续建立起水资源税费体系，在水资源和利用保护方面取得了一些经验，具体表现在以下方面。

首先，在水资源税（费）使用上专款专用。法国的水资源费归中央和地方共享，使用上严格实行专款专用，包括水资源费在内的95%的环境税都是专款专用的。20年代法国塞纳河水污染的治理其资金来源主要来自征收的环保税。水资源税（费）收入归中央和地方共享，使用上严格实行专款专用，专用于水资源的管理与开发。

其次，合理划分中央和地方政府在水资源利用和保护方面的责任。

德国的水资源税由联邦所属各州征收，荷兰和法国则分别由省级水资源委员会和各流域的水利管理局征收。在水资源税税基和税率确定方面，各地方政府可以根据本地实际制定更为合理的税率，实际上赋予了地方水资源税的更大的自主权。

再次，税率灵活性以及税收中性。在德国，无论巴登—符腾州还是汉堡州，都是对水资源的采用量征收水资源税，但各州间税率存在差异。法国水资源费因地制宜地设计费率，地下水资源费普遍高于地上水资源费，不同地区，水资源税的标准也不同；荷兰水污染税因水资源保护区域的不同而实施不同的税率。俄罗斯则根据不同季节和不同河流的情况确定相应的水资源税率。此外，上述各国纷纷制定了相应的水资源税（费）优惠政策，对特定群体给予相应的税收返还或优惠，最大程度减少征税（费）对企业和居民的影响。

最后，加强部门分工协调，成立专门的水资源治理机构。上述欧洲各国大多都成立了专门的流域水资源治理专门机构，如荷兰的资源委员会隶属于省级地方政府，由来自某一流域的和水资源管理有关的利益集团代表组成，代表组成复杂，能充分代表流域内相关利益体的利益；法国的水利管理局的组成成员包括：流域内地区和地方单位代表、用户代表、国家代表和水利管理局人事代表。

3.5.2 欧洲水排污税制度基本经验

通观以法国、德国和荷兰为代表的欧盟国家水排污税的征收管理实践，可以看到自20世纪中后期以来，欧洲国家在水资源治理上也走过了许多弯路，但大多国家都已经建立起了相对独立的水排污税征收法律法规体系，在水环境治理方面取得了较为成功的经验，具体体现在以下几个方面。

一是制定了严格的水排污税的法律法规制度。无论是荷兰的《地表水污染法》还是德国的《废水纳税法》，都是政府通过税收的形式对企业和居民的排污行为进行强制性征收，体现了"谁污染，谁治理"的原则，相比水排污费，水排污税在法律层级、权利和义务对等性、执行的严格性等方面具有比收费形式更为严格的规范，水排污税更能提高人们爱护环境、节约水资源意识。

二是水排污税的征收主体是地方政府。德国的水排污税由联邦里面的各州征收，荷兰和法国则分别由省级水资源委员会和各流域的水利管理局征收。从征收主体层级上看，中央和地方政府对水排污税征收管理的权责有明确的分工，欧洲国家少有中央政府直接对水排污税的具体税基和税率的规定。水排污税的征收需要对企业和居民的排污种类和数量进行明确的划分，而地方政府在水排污上相比中央政府具有明显的信息优势，因此，水排污税的征收主体确定为地方政府更能体现税收效率原则。

三是成立能代表流域各利益阶层的专门水资源治理机构。荷兰的水资源委员会隶属于省级地方政府，由来自某一流域的和水资源管理有关的利益集团代表组成，如全部或部分位于有关流域内的地区代表和地方单位代表、用户代表和资格人士代表以及国家任命的代表（其中主要为社会职业界的代表）；法国的水利管理局的组成成员包括：流域内地区和地方单位代表、用户代表、国家代表和水利管理局人事代表[①]。充分尊重流域内各利益集团的利益，充分协商，共同推动水资源的生态治理，是欧盟水排污税征收管理一大特色[②]。

四是实行水排污税差别税率和保持税收中性。水排污税税率的确定既要考虑其税收收入能弥补排污行为引致的环境成本，又要考虑其对用水企业的经济激励作用，此外，确定水排污税税率时还要考虑对产业竞

---

① 周国川. 国外水资源保护税税制比较研究［J］. 水利经济, 2006（5）: 28-32.
② 方兰, 杨伟. 南水北调工程各参与方利益补偿机制影响因素探析——公平与效率的观点［J］. 贵州财经学院学报, 2012（5）: 60-66.

争力的影响。欧盟水排污税税率非常灵活，法国的水排污税由各流域的水利管理局根据本地情况制定相应的税率；荷兰的水排污税因不同的水资源保护区而采用差别税率；德国在确定水排污税税率时根据废水所含污染成分进行差别化征收。这些措施可以激励用水单位在生产中提高生产工艺和技术，减少水资源的消耗和污染物排放。

第4章 水资源生态补偿资金绩效评估

——以南水北调中线工程为例

4.1 引　　言

  我国地域广阔，河流众多，治理水污染形势非常严峻。为了研究的方便，本章研究将水资源问题的讨论界定在"跨省流域"，即以流域为研究单位（某一流域空间范围包括该流域内诸多省级地方政府），水资源保护和利用的问题均涉及该流域内诸多地方政府，为了讨论的方便，可以将流域内的地方政府定义为"上游地区"和"下游地区"，暂不讨论"中游地方政府"的情况。

  水资源生态补偿笔者把它分为两种形式：第一种补偿形式包括两个方面。一是纵向的补偿，是通过"收入"的形式凑集补偿资金，对水资源生态贡献地区的补偿；二是通过"支出"方式，即财政转移支付方式对生态贡献地区的补偿。第二种补偿形式是市场的补偿方式，通过流域内上下游地方政府间的博弈来协商解决，实际上这是一种基于市场的补偿方式，目前国内已经有这样的先例，如浙江义乌对东阳的水资源补偿。本书重点对水资源资金使用过程中的财政绩效进行评估。

4.2 环境绩效评估方法评介

相比我国水污染防治的巨大资金需求，现有的投入规模还远远不够，在水资源治理投资总量约束下面，提高环境投入资金的使用效率十分必要。现有对水污染治理投资绩效评估主要有以下方法体系。

4.2.1 政府审计部门绩效审计的方法

环境绩效审计是环境审计的一个重要组成部分，最高审计机关国际组织（INTOSAI）环境审计委员会在2001年颁布的《从环境视角进行审计活动的指南》中，将环境审计分为财务、合规性和绩效审计。环境绩效审计注重评价被审计单位为促进经济、效率和效果而采取的各项措施是否适当，确保与环境相关的效益能公允地反映被审计单位的经营状况，确保环境项目能够经济、效率和有效地进行（即"3E"审计）。其内容包括：对政府执行环境法规情况的审计；对政府环境项目的经济效益进行的审计；对政府其他项目的环境影响进行审计；对环境管理系统的审计；对计划的环境政策和环境项目进行评估等五个部分[1]。2009年10月审计署公布《"三河三湖"水污染防治绩效审计调查结果》[2]，审计结果表明，2001~2007年，中央和地方各级政府投入910亿元财政性资金及国内银行贷款，用于"三河三湖"流域城镇环保基础设施、生态建设及综合整治等7大类共8 201个水污染防治项目建设。以2007年7月1日~2008年6月30日作为最新水质评价年度，用该期间环境保护部对

---

① 许松涛. 环境绩效审计实施制约因素与对策研究——以鄱阳湖生态经济区为例[J]. 会计之友，2011（5）：106-108.

② 凤凰网，http://finance.ifeng.com/huanbao/hbyw/20091028/1398954.shtml.

"三河三湖" 347 个国控断面水质的监测情况与 2000~2007 年的监测情况进行对比分析表明,"三河三湖" 水污染防治取得了一定成效,河流湖泊整体水质有了部分提高,存在主要问题是生态补偿政策措施不完善、部分水污染防治工作尚不完全落实到位以及部分水污染防治资金管理和使用不够规范。刘立明、孙玲(2008)认为,我国水利生态绩效审计还处于理论研究和实践探索阶段,推动水利绩效审计对进一步推动生态绩效审计的理论探索和指导实践具有重要意义[①]。孙青认为,生态转移支付作为国家财政支出的重要组成部分,随着国家审计力度的不断加强,针对生态转移支付的绩效审计成为焦点。但是,目前我国还没有形成完整的相关绩效审计标准,故阻碍了绩效审计的全面开展[②]。

4.2.2 基于层次分析法(AHP)的水污染治理投资绩效评估

石英华(2011)等认为,绩效评估是政府实施投资管理的基本工具,有效的水污染防治投资绩效评估体系和方法,是提高水环境治理投资资金使用效率的可靠保证。基于层次分析法,通过分析水污染防治投资绩效评估的现状及存在的问题,以及指标设计的原则、方法、思路,提出我国水污染防治投资绩效评估一个模型[③]。他们提出的水污染防治投资项目绩效评估的具体指标体系,包括项目管理绩效指标、资金投入和使用绩效指标、产出绩效指标三大类,共 18 个具体指标。孙思微(2011)基于层次分析法(AHP)建立了农业生态补偿政策绩效评估机

[①] 刘立明,孙玲.浅谈水利生态绩效审计的内涵与特点[J].吉林经济管理干部学院学报,2008(6):69-71.

[②] 孙青.政府生态转移支付绩效审计标准探究[J].吉林经济管理干部学院学报,2012(11):56-58.

[③] 石英华,程瑜.流域水污染防治投资绩效评估研究[J].经济研究参考,2011(8):45-58.

制指标体系，包括三个层次共 20 个评估指标体系，通过研究发现对农业生态补偿政策绩效评估中最重要的前三个影响因素分别为：年绩效目标的实现、政策带动的其他产业发展、农林牧渔产值收益[1]。采用相同方法对我国生态补偿资金作绩效评估的还有杨冬梅和赵亚蕊[2]（2010）、祖建新和刘本洁[3]（2007）等。AHP 方法先把绩效评价对象分为几种不同类型，在将各绩效评估类型分为若干具体化指标，通过赋予各指标一定的权重，所得出的结果具有一定的主观性。

4.2.3 数据包络分析方法（data envelopment analysis, DEA）

DEA 是由著名的运筹学家 A. Charnes 和 W. W. Cooper 等在相对效率评价概念基础上发展起来的，是评价同类单元相对有效性的一种系统分析方法。该方法可作为绩效评价的客观指标。DEA 方法可以同时给出投入和产出的调整方向及建议调整值，即在建议值成立后，可达到投入产出最优，这一方法在企业以及政府绩效评价中得到了大量采用[4]。除上述方法以外，在对政府生态治理资金绩效评估的方法中还包括基于逻辑框架法的水排污收费制度成功度评价（龙凤、高树婷等[5]，2011）、平衡计分卡（BSC）方法（吴善翔，2012；刘畅，2012）等。

---

[1] 孙思微等. 基于 AHP 法的农业生态补偿政策绩效评估机制研究. 经济视角，2011 (5): 177–178.

[2] 杨冬梅, 赵亚蕊. 生态林投资绩效评价——基于经济、社会两大效益建立的指标体系 [J]. 林业勘查设计, 2010 (1): 29–31.

[3] 祖建新, 刘本洁. 生态公益林补偿绩效评价研究———以浙江省为例 [J]. 乡镇经济, 2007 (12): 57–60.

[4] 孙斌, 赵斐. 基于超效率 DEA 模型的区域生态化创新绩效评价 [J]. 情报杂志, 2011 (1): 86–89.

[5] 龙凤, 高树婷. 基于逻辑框架法的水排污收费制度成功度评估 [J]. 中国人口. 资源与环境, 2011 (12): 405–408.

上述方法都从某一方面对我国生态治理资金的使用情况进行了评估，从评估的结论看不同评估方法得出的结论稍有差异，存在一定程度的合理性，但总体而言具有以下不足：一是政府部门的审计往往从经验数据出发，由于环境审计的主客体关系较为特殊，审计结论往往并不能充分反映环境资金的真正使用状态，而过多注重财务审计的特点使其生态绩效审计并不能全面反映环境成本；二是AHP方法虽然建立了较全面的绩效评价体系，但其指标体系的建立非常具有主观性，不同研究人员建立的指标体系往往差别较大，评价结果也会因此存在天壤之别；三是其他财政资金绩效评估方法有的或存在较大主观性，有的或运用面并不普及，不具有普遍应用意义，其实际运用价值非常有限。本书拟采用较为精确的DEA分析方法对我国水资源生态补偿资金的绩效进行评估。

4.3 研究对象界定和基本思路

4.3.1 概念界定

跨省流域也称为跨不同省级行政区的流域。国内某一河流的流域范围，包括不同的省、市和自治区。本章所研究的跨省流域以南水北调中线工程所涉及的湖北、河南、河北、北京和天津三省二市为地域边界。上游地区：流域内的生态保护区，南水北调中线工程上游地区主要为湖北境内的丹江口水库水源区（包括河南省一部分地区）；下游地区：流域内的生态收益区，南水北调中线工程的受益区主要包括河南、河北和京津二市。

4.3.2 主要研究思路和评估目标

在水资源纵向生态补偿中，政府通过收费或者税收形式形成水资源的"收入"再向流域上游地区转移支付。本章主要讨论如何形成生态补偿资金的"收入"。水资源循环主要涉及收集、使用、销售、排放四个基本环节。在使用环节，由水利部门核准征收水资源费；在污染排放环节，由环保部门征收排污费；水资源费和排污费二者不仅征收主体不同，其征收对象、征收范围和标准都不一样，但都是服务于水资源的生态补偿，只是实现途径不同。

我国水资源的法律法规体系已初步建立，造成现有水资源管理混乱的原因主要有三个：一是地方政府的保护主义；二是法律法规执行难；三是政出多门，管理关系复杂，水利部、环保部、地方政府、流域水资源管理部门多头管理，关系错综复杂。今后改革的方向是将现有的水排污费和水资源费形式转向征收水排污税（排污的单位和个人）以及水资源税（用水单位和个人）。

水资源费目前由地方水行政管理部门（水利厅或跨流域水利管理部门）核准征收，部分自取水的单位由地方政府核准征收，全部纳入财政预算，用于水资源保护；水排污费由环保部门征收，用于水排污治理。本章主要关注政府用于水资源财政转移支付资金的绩效评估，评估的目的是为了更好地提高这部分资金的使用效益，也为实现水资源费改税工作提供借鉴。如今，对水排污收取排污费已经成为全球通行做法，无论是水资源费或是水排污费，其目的都是用于水资源的生态治理，弥补水资源的社会成本和私人成本。而这部分财政资金的使用绩效少有人关注，因此本书集中探讨水资源生态补偿资金（包括水资源费和水排污费）的功能定位，以及现有收费和使用情况（数量和结构）是否达到了预期的目的。

4.3.3 水资源生态补偿资金绩效评估理论基础

经济活动中企业和居民的私人成本和社会成本、私人收益和社会收益并非总是一致，由此会产生外部性问题（Sidgwick，1887）。Marshall

(1890)最早提出了外部经济概念,他将有赖于某一产业一般发达的经济称为外部经济。水资源作为典型的公共品很早就被西方学者所研究。在存在外部性的前提下,依赖市场机制无法实现资源的帕累托最优,需要政府采取经济手段(如庇古税)以实现外部效应内在化(Pigou,1920)。后来的学者进一步发展了 Pigou 的外部性思想(A. Aang,1925;Rosenstein-Ro-dan,1943;Baumol,1952;Hirschman et al.,1958)。除了征收庇古税以外,外部性内在化的手段还包括清晰的产权界定和产权安排(Coase,1960)、创造附加市场(J. E. Meade,1977;Arrow,1969)等。

4.3.4 南水北调中线工程:研究个案简介

从水资源地区分布上看,我国水资源呈现明显南多北少的格局,近年来北方主要城市北京、天津等地人口急剧增多,地下水开采量日益增多,经济发展过程中不注重对水资源的有效保护,水资源问题已经非常严峻。为缓解我国水资源南北分布不均的问题,我国很早就开始规范南水北调引水工程,分为东线、中线和西线共三大工程。其中东线工程依托现有苏杭运河逐级抬高长江水位,实现向北方缺水地区供水。

南水北调中线工程于 2003 年 12 月正式开工,截至 2009 年 6 月底,已累计下拨南水北调东、中线一期工程投资 589.7 亿元,累计完成投资 314.3 亿元,其中东、中线一期工程分别累计完成投资 57.8 亿元和 256.4 亿元,分别占东、中线在建设计单元工程总投资的 71% 和 52%。2012 年 6 月,南水北调中线工程探求加强南水北调中线工程建设监理途径。南水北调中线干线工程全部实行了建设监理制。建设监理制度的推行,在保证质量、节约投资、控制工期、保障安全等方面发挥了重要作用,监理工作取得了明显的社会效益和经济效益[①]。

---

① 中国南水北调网,http://www.nsbd.gov.cn/zx/zxdt/

4.4 基本研究方法及思路

4.4.1 Malmquist-DEA 法

DEA 是著名运筹学家 A. Charnes 和 W. W. Copper 等学者以"相对效率"概念作为基础,根据多指标投入和多指标产出对相同类型的单位或部门进行相对有效性或效益评价的一种系统分析方法。该方法利用线性规划模型计算比较决策单元之间的相对效率,对评价对象作出评价。其中 DEA 中的决策单元称为 DMU (Decision making units),其基本模型如下:

假设一组可比较的 DMU 中的数目为 n,第 j 个 DMU 在投入过程中有 m 个投入变量,产出结果包含 s 个产出变量,那么投入向量为 $X_j = (x_{1j}, x_{2j}, \cdots, x_{mj})^T$,产出向量为 $Y_j = (y_{1j}, y_{2j}, \cdots, y_{sj})^T$,其中 $j = 1, 2, \cdots, n$,且 $x_{ij} > 0$,$y_{rj} > 0$,$i = 1, 2, \cdots, m$;$r = 1, 2, \cdots, s$。x_{ij} 表示第 j 个 DMU 第 i 项投入量;y_{rj} 表示第 j 个 DMU 第 r 项产出量。用 (X_j, Y_j) 表示第 j 个 DMU 的整个行为结果活动。那么对每个 DMU 线性规划,得出第 j 个 DMU 的效率结果:

$$\max h_j = \frac{\sum_{r=1}^{s} u_r y_{rj}}{\sum_{i=1}^{m} v_i x_{ij}} \tag{4.1}$$

$$\text{s. t.} \quad \frac{\sum_{r=1}^{s} u_r y_{rj}}{\sum_{i=1}^{m} v_i x_{ij}} \leqslant 1; u = (u_1, u_2, \cdots, u_s)^T \geqslant 0;$$

$$v = (v_1, v_2, \cdots, v_m)^T \geqslant 0$$

用 DEA 方法可以从输入或者输出两个角度来核算 DEA 效率。从输入角度核算是用来评估为了得到相同的输出应以何种比例才能做到输入最小，从输出角度是用来评估是如何用相同的输入得到最大的输出。在计算过程中，外部环境主要可以设定为规模报酬不变（CRS）和规模报酬可变（VRS）。本书研究在不变规模报酬情况下从输出角度测量 DMU 的 DEA 技术效率。h_j 越接近 1 表示效率越高，h_j 最大值为 1，表示 DEA 最大效率。

Malmquist-DEA 法可以对 DMU 的时间变化进行分析，而一般的 DEA 法只能计算同一时期 DMU 的相对效率，无法对 DEA 效率进行动态分析。由于本书采用面板数据，为使年度的效率结果存在可比性，需计算 Malmquist 指数。Fare 等在 1994 年设计了一个计算 Malmquist 生产率变化的方法，其公式如下：

$$m_0(y_{t+1},x_{t+1},y_t,x_t) = \left[\frac{d_0^t(x_{t+1},y_{t+1})}{d_0^t(x_t,y_t)} \times \frac{d_0^{t+1}(x_{t+1},y_{t+1})}{d_0^{t+1}(x_t,y_t)}\right]^{\frac{1}{2}} \quad (4.2)$$

式（4.2）计算生产率变化的方法主要是计算各时间 DMU 投入产出指标的空间距离之比的几何平均数。其中各时间点的 DMU 空间距离计算方法如下：

$$d_0^t(x_t,y_t)^{-1} = \max_{\phi,\lambda} \phi - \phi y_{it} + Y_t\lambda \geq 0$$
$$\text{s.t.} \quad x_{it} - X_t\lambda \geq 0$$
$$\lambda \geq 0 \quad (4.3)$$

$$d_0^{t+1}(x_{t+1},y_{t+1})^{-1} = \max_{\phi,\lambda} \phi - \phi y_{it+1} + Y_{t+1}\lambda \geq 0$$
$$\text{s.t.} \quad x_{it+1} - X_{t+1}\lambda \geq 0$$
$$\lambda \geq 0 \quad (4.4)$$

$$d_0^t(x_{t+1},y_{t+1})^{-1} = \max_{\phi,\lambda} \phi - \phi y_{it+1} + Y_t\lambda \geq 0,$$
$$\text{s.t.} \quad x_{it+1} - X_t\lambda \geq 0$$
$$\lambda \geq 0 \quad (4.5)$$

$$d_0^{t+1}(x_t, y_t)^{-1} = \max_{\phi,\lambda} \phi - \phi y_{it} + Y_{t+1}\lambda \geq 0$$
$$\text{s. t.} \quad x_{it} - X_{t+1}\lambda \geq 0$$
$$\lambda \geq 0 \tag{4.6}$$

4.4.2 指标体系构建和数据说明

利用 DEA 分析方法对水资源利用和保护情况进行评价,需要建立地区水资源治理的投入—产出数据模型,本书研究的对象是 2005～2011 年五省水资源生态补偿资金效率,在投入指标方面,考虑到水资源生态补偿资金中各地排污费及治理废水投资资金是主要部分,因而选取各地每年排污费征收额和治理废水投资额两项作为投入指标。对于输出指标的确定,本书选取了在城市生态系统、淡水生态系统、农业生态系统、土壤生态系统等四大类生态系统中与水资源生态补偿资金使用效果密切相关的 7 项产出指标,分别是城市生态系统中的人均水资源量和工业废水排放达标量、淡水生态系统中的人均用水量和淡水水产品产量、农业生态系统中的有效灌溉面积和粮食产量、土壤生态系统中的水土流失治理面积。上述 DEA 模型的投入—产出指标体系具体如表 4.1 所示。

表 4.1　DEA 模型中水资源生态补偿资金效率相关投入—产出指标体系

投入指标	1. 排污费征收额 2. 治理废水投资额	
产出指标	城市生态系统	1. 人均水资源量和工业废水排放达标量 2. 工业废水排放达标量
	淡水生态系统	3. 人均用水量 4. 淡水水产品产量
	农业生态系统	5. 有效灌溉面积 6. 粮食产量
	土壤生态系统	7. 水土流失治理面积

通过查阅相关统计年鉴信息，本章收集中线工程所涉及地区 2005~2011 年的废水治理完成投资额和废水排污费征收额，整理为表 4.2 和表 4.3，水资源资金产出情况见表 4.4。

表 4.2 2005~2011 年南水北调中线地区废水治理完成投资额 单位：亿元

地区	2005 年	2006 年	2007 年	2008 年	2009 年	2010 年	2011 年
北京	1.0	1.7	10.6	0.5	4.3	5.4	3.9
天津	4.5	1.2	0.1	2.0	6.9	7.8	3.8
河北	10.3	8.6	7.8	22.7	20.8	15.4	14.3
河南	5.7	7.1	6.1	8.8	13.8	12.0	8.9
湖北	11.5	5.5	7.7	10.0	13.1	8.6	9.4

注：(1) 2011 年治理废水完成投资数据和 2011 年排污费数据根据 2005~2010 年数据取均值推算；(2) 本书数据来源于 2006~2012 年《中国统计年鉴》《中国环境年鉴》以及中国环境保护部网站。另一部分数据缺失，采用相近三年数据移动平均估算处理。

表 4.3 2005~2011 年南水北调中线地区废水排污费征收额 单位：万元

地区	2005 年	2006 年	2007 年	2008 年	2009 年	2010 年	2011 年
北京	16 726.5	12 490.0	8 076.1	4 184.5	3 879.7	3 574.8	8 155.3
天津	20 176.7	24 061.0	24 614.7	16 545.6	17 293.8	18 041.9	20 122.3
河北	64 234.3	76 034.0	105 503.2	116 961.1	127 104.4	137 247.7	104 514.1
河南	60 578.9	73 391.0	75 289.3	87 791.0	89 791.1	91 791.1	79 772.1
湖北	28 041.0	33 532.0	37 667.9	38 163.0	37 852.5	37 542.0	35 466.4

注：2009 年排污费取 2008 年和 2010 年均值。

表 4.4　2005~2011 年南水北调中线地区废水治理产出指标

年份		2005	2006	2007	2008	2009	2010	2011
城市生态系统	人均水资源量（立方米/人） 北京	151.2	141.5	148.2	205.5	126.6	124.2	134.7
	天津	102.2	95.5	103.3	159.8	126.8	72.8	116.0
	河北	197.0	156.1	173.1	231.1	201.3	195.3	217.7
	河南	597.2	342.8	496.1	395.2	347.6	566.2	349.0
	湖北	1 640.6	1 122.0	1 782.1	1 812.3	1 443.9	2 216.5	1 319.1
	工业废水排放达标量（万吨） 北京	12 740.0	10 098.0	8 898.2	8 221.0	8 574.2	8 096.0	8 297.1
	天津	29 962.0	22 925.0	21 382.0	20 413.0	19 440.1	19 671.0	19 841.4
	河北	119 920.0	121 750.0	113 999.4	115 699.0	108 165.8	112 627.0	112 163.9
	河南	113 518.0	121 024.0	126 324.3	126 308.0	134 849.6	146 449.0	135 868.9
	湖北	80 926.0	82 930.0	85 215.1	87 753.0	87 594.1	915 38.0	88 961.7
淡水生态系统	人均用水量（立方米/人） 北京	225.0	219.9	216.6	210.8	205.8	189.4	35.2
	天津	222.0	216.8	213.4	194.9	194.4	177.9	22.5
	河北	295.4	296.7	292.6	280.0	276.3	272.3	193.7
	河南	211.5	241.8	223.2	242.2	247.1	237.8	224.6
	湖北	445.1	453.9	454.2	474.5	492.4	503.1	288.0
	淡水水产品产量（万吨） 北京	6.4	6.2	5.4	5.4	5.4	5.4	5.4
	天津	28.9	29.5	26.7	28.4	29.5	30.6	31.4
	河北	41.8	46.2	38.2	41.7	45.0	48.1	50.4
	河南	51.7	61.4	45.7	50.6	53.8	57.9	65.5
	湖北	318.2	331.4	298.0	313.4	333.9	353.1	356.2

续表

年份		2005	2006	2007	2008	2009	2010	2011
农业生态系统	有效灌溉面积（千公顷） 北京	181.5	177.5	173.6	241.7	218.7	211.4	209.3
	天津	355.2	352.3	349.3	348.1	347.4	344.6	338.0
	河北	4 547.8	4 563.4	4 579.0	4 559.2	4 553.0	4 548.0	4 596.6
	河南	4 864.1	4 910.0	4 955.8	4 989.2	5 033.0	5 081.0	5 150.4
	湖北	2 064.6	2 080.0	2 095.4	2 330.2	2 350.1	2 379.8	2 455.7
	粮食产量（万吨） 北京	94.9	109.2	102.1	125.5	124.8	115.7	121.8
	天津	137.5	143.5	147.2	148.9	156.3	159.7	161.8
	河北	2 598.6	2 702.8	2 841.6	2 905.8	2 910.2	2 975.9	3 172.6
	河南	4 582.0	5 010.0	5 245.2	5 365.5	5 389.0	5 437.1	5 542.5
	湖北	2 177.4	2 210.1	2 185.4	2 227.2	2 309.1	2 315.8	2 388.5
土壤生态系统	水土流失治理面积（千公顷） 北京	371.3	391.3	422.3	454.4	511.8	542.8	579.8
	天津	38.9	41.4	43.9	44.8	45.6	46.4	51.6
	河北	5 981.2	6 076.2	6 133.7	6 194.0	6 230.7	6 290.3	6 351.5
	河南	4 122.5	4 191.1	4 243.4	4 348.0	4 449.4	4 428.7	4 412.6
	湖北	4 099.4	4 164.6	4 227.3	4 269.2	4 449.7	4 666.5	4 832.7

4.5 DEA 效率核算结果及解释

根据式（4.1）~式（4.6），运用 DEAP2.1 软件计算 DEA 静态效率和 Malmqusit 指数动态效率变化情况。

4.5.1 DEA 静态效率评价

计算得出的 DEA 静态效率值可以分为综合技术效率值、纯技术效率值和规模报酬效率。综合技术效率值为不变规模报酬情况下得到的 DEA 效率值；纯技术效率值是可变规模报酬下得到的 DEA 效率值，这种情况没有考虑规模报酬的变动情况，但可以作为 DEA 分析的一个方面；规模报酬效率值为综合技术效率值与纯技术效率值的比值。具体计算结果见表4.5。

表 4.5　　　　　　　　DEA 效率值汇总

年份	2005	2006	2007	2008	2009	2010	2011
综合技术效率值							
北京	1	1	1	1	1	1	0.532
天津	0.808	0.808	1	0.757	0.658	0.497	0.468
河北	1	1	1	0.655	0.898	0.871	0.874
河南	1	1	1	1	1	1	1
湖北	1	1	1	1	1	1	1
纯技术效率值							
北京	1	1	1	1	1	1	1
天津	0.894	1	1	0.825	0.669	0.551	1
河北	1	1	1	1	1	1	1

续表

年份	2005	2006	2007	2008	2009	2010	2011
纯技术效率值								
河南	1	1	1	1	1	1	1
湖北	1	1	1	1	1	1	1
规模报酬效率值								
北京	1	1	1	1	1	1	0.532
天津	0.905	1	1	0.918	0.983	0.902	0.468
河北	1	1	1	0.655	0.898	0.871	0.874
河南	1	1	1	1	1	1	1
湖北	1	1	1	1	1	1	1

从表4.5可以看出，在水资源生态补偿资金效率方面，河南、湖北省的DEA综合技术效率值一直为1，说明这些省份水资源生态补偿资金的运用处于生产前沿面，它们的财政资金运用相对有效率；而北京、天津和河北的综合技术效率值并非一直为1，说明这些省市的水资源生态补偿资金并非处于有效率状态，存在改进空间。综合技术效率可以分为纯技术效率和规模技术效率，根据表4.5可以作出2005～2011年五个省市的平均综合技术效率图和平均纯技术效率图，见图4.1和图4.2。

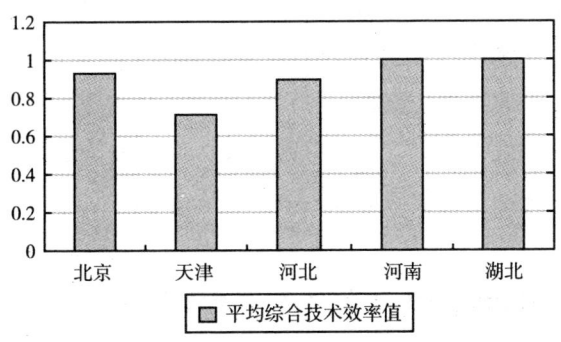

图4.1　五省市平均综合技术效率

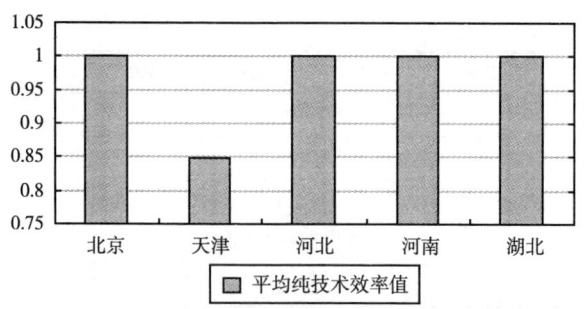

图 4.2 五省市平均纯技术效率

从图 4.1 可以看出，只有河南和湖北两个省份的平均综合技术效率值为 1，而从图 4.2 可以看出，北京、河北、河南、湖北的平均纯技术效率值都为 1，只有天津在 0.85 左右，这说明天津在水资源生态补偿资金管理和使用时并没有做到相对最优效率，其管理技术水平相对于其他四个省市存在一定的落后，经过管理技术水平的提高应该能够在相同的投入情况下得到更多的产出。结合图 4.1 和图 4.2 可以看出，北京、河北的综合技术效率值没有达到 1 是因为规模效率低于 1，天津市的规模报酬效率也没有达到 1，即在 2005～2011 年内，北京、天津和河北省的水资源生态补偿资金的规模可能过大，达到规模报酬递减的状况，造成了规模效率的损失。具体来说，政府在水资源治理过程中不应该一味强调财政资金的投入规模扩增，还应该注重财政资金的效率，否则容易造成水资源治理规模太大反而失去效率的情况。在当前的经济背景下，北京、天津、河北可以适当减少排污费征收额和治理废水投资额，提高财政资金的使用效率，只有在注重效率投入财政资金的前提下，水资源的保护和利用才能获得最好成效。

4.5.2 Malmqusit 指数动态效率评价

上面给出了水资源生态补偿资金的静态 DEA 效率，由于本书的数据为 2005~2011 年五省市的动态面板数据,因此采用 Malmquist 生产率指数来反映动态效率变动情况。本书利用 DEAP2.1 软件得到 Malmquist 指数结果,可以从每年五省市水资源生态补偿资金的平均 Malmquist 指数动态变化和五省市 2005~2011 年以来水资源生态补偿资金的平均 Malmquist 指数动态变化两个层面进行分析。

4.5.3 Malmquist 动态指数纵向分析

图 4.3 显示的是从时间上分析五个省市的水资源生态补偿资金的生产率变化情况,其中 tfpch 表示全要素生产率变化,tfpch 主要由 effch 和 techch 乘积决定,effch 表示效率变化,techch 表示技术变化。而 effch 可以分解为 pech 和 sech,pech 表示纯技术效率变化,sech 表示规模效率变化。从时间的动态分析结果可以看出,第四年、第五年和第七年,即 2008 年、2009 年和 2011 年五省市的 tfpch 均值小于 1,表示这些年份相对于上一年的全要素生产率下降。其中,2008 年全要素生产率变化的降低主要由于效率变化降低和技术变化引起的;2009 年全要素生产率变化的降低主要由技术变化降低造成的,且这年的效率变化相对于去年有所升高,effch 值为 1.035;2011 年全要素生产率的变化也是由效率变化和技术变化的降低引起的,而在 2011 年中,效率变化的降低主要由规模效率的降低造成。

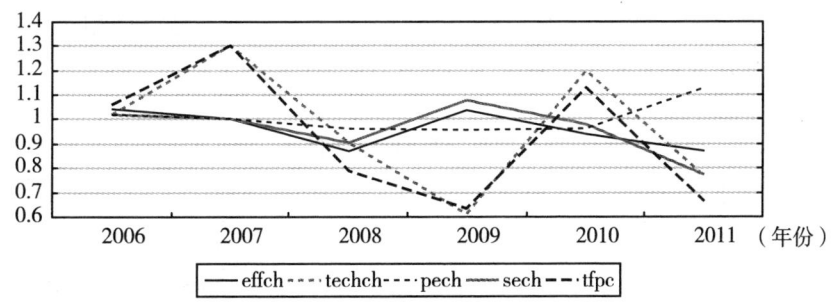

图 4.3　2006~2011 年五省市水资源生态补偿资金的平均 Malmquist 动态指数

4.5.4 Malmquist 动态指数横向比较

图 4.4 表示横向上五个省市的全要素生产效率变化情况，从结果可以看出，五个省市的全要素生产率在 7 年时间中均有所降低，其中降低最多的是北京，其次是天津；而降低最少的是湖北省，基本接近于 1。这说明在水资源生态补偿资金的效率方面，湖北省在这五个省市中表现最好，效率变化最少。从整体上看，五个省市的平均全要素生产效率变化处于降低趋势，五个省市的水资源生态补偿资金的运用效率在这些年并没有随着科技进步而增加，反而有所下降，值得政府部门警惕。

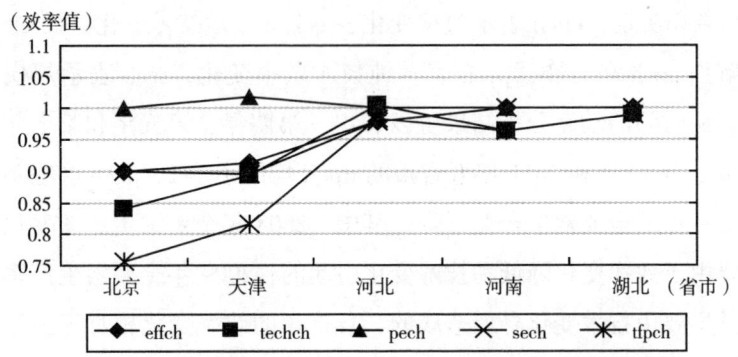

图 4.4　五省市 2006~2011 年平均动态 Malmquist 变化

表 4.6 为五个省市 6 年来的 Malmquist 指数的具体情况，为了进一步研究 Malmquist 指数中哪个指标对全要素生产率产生最密切相关的影响，本书根据表 4.6 中的数据进行灰色关联度分析。

表 4.6　　　　　　　　各省市平均 Malmquist 指数

省市	effch	techch	pech	sech	tfpch
北京	0.9	0.841	1	0.9	0.757
天津	0.913	0.894	1.019	0.896	0.816

续表

省市	effch	techch	pech	sech	tfpch
河北	0.978	1.006	1	0.978	0.984
河南	1	0.964	1	1	0.964
湖北	1	0.991	1	1	0.991

把 tfpch 作为参考数据序列 $X_0(k)$，effch、techch、pech、sech 为比较序列 $X_i(k)$。

那么，可以记关联系数 $\xi_i(k) = \dfrac{\min\limits_i \min\limits_k |x_0(k)-x_i(k)| + \zeta \max\limits_i \max\limits_k |x_0(k)-x_i(k)|}{|x_0(k)-x_i(k)| + \zeta \max\limits_i \max\limits_k |x_0(k)-x_i(k)|}$，取 $\zeta = 0.5$。由此可以得到灰色关联情况如表 4.7 所示。

表 4.7　　　　　　　　tfpch 的灰色关联度分析

比较序列	灰色关联度	优劣次序
effch	0.734	3
techch	0.809	1
pech	0.659	4
sech	0.744	2

从表 4.7 可以发现，tfpch 与 techch 的灰色关联度最大，为 0.809，因此可以认为全要素生产率的下降主要是由于技术下降所引起的，所以政府部门应该着重引进水资源保护和利用的科学技术，将技术进步体现在实际的生产生活过程中，增加技术实力。

4.6　简要结论和启示

本章以南水北调中线所涉及的三省二市的水资源治理为例，将水治理资金的使用分为资金投入和产出两个大方面，并分别进行了范畴界定。其中，水治理投入从数据的可得性和可比性角度出发选择了水治理投资额和水排污费收入两方面；水治理产出指标方面从城市生态系统、淡水生态系统、农业生态系统和土壤生态系统四方面，借助 Malmquist-DEA 法进行实证分析后得出以下结论：

一是在水资源生态补偿资金效率方面，河南、湖北省的 Malmquist 效率值一直为 1，说明这些省份在水资源生态补偿资金的运用方面维持较高效率，它们的财政资金运用相对有效率；而北京、天津和河北的综合技术效率值并非一直为 1，说明这些省市的水资源生态补偿资金并非处于有效率状态，存在改进空间。这一现象的出现可能与作为水源输出省份的中部地区对南水北调中线工程的高度重视有关。

二是政府在水资源治理过程中不应该一味强调财政资金的投入规模扩增，还应该注重财政资金的效率，否则容易造成水资源治理规模太大反而失去效率的情况。从以上分析可以看出，北京、天津和河北的水资源生态补偿资金的规模过大，出现了规模报酬递减的状况，进而规模效率的损失。湖北省在这五个省市中表现最好，效率变化最少。在当前的经济背景下，北京、天津、河北可以适当减少排污费征收额和治理废水投资额，提高财政资金的使用效率，只有在注重效率地投入财政资金的前提下，水资源的保护和利用才能获得最好成效。

三是从整体上看，五个省市的平均全要素生产效率变化处于降低趋势，五个省市的水资源生态补偿资金的运用效率在这些年并没有随着科技进步而增加，反而有所下降，说明科学技术引进的边际效用出现递减现象，这一问题的出现可能与我国环保法制的执行力度有关，值得政府部门警惕。

第5章 中国水环境治理的财政政策效应及检验

——基于省级数据的面板门槛模型

5.1 引言与文献回顾

改革开放以来,中国经济迅速发展带来经济指标持续稳定上升,但是经济增长背后的环境代价同样巨大,发达国家上百年的工业化进程产生的问题集中在中国改革开放的短短40年后突显出来。我国已经成为世界上人均水资源严重匮乏国家之一,与此同时,水资源的不合理利用以及水资源污染现象广泛存在。伴随着日益严重的水环境问题,水环境质量也成了制约我国社会经济发展的关键因素之一,近年来日益受到关注[①]。我国"十一五""十二五"规划纲要都明确提出对水环境保护的要求,同时水环境问题在中国显得尤其重要[②]。对水资源的不合理利用是导致水环境恶化的根源,水污染带来负外部性,全社会福利因此而

---

① 夏军,朱一中. 水资源安全的度量:水资源承载力的研究与挑战 [J]. 自然资源学报, 2002 (5): 262 - 269.

② 吴丹. 中国经济发展与水资源利用脱钩态势评价与展望 [J]. 自然资源学报, 2014 (1): 46 - 54.

受损[1]。

　　水资源作为一种公共产品，具有非竞争性和非排他性的普遍特征，同时水资源流动性又很强，完全依靠市场来配置水资源势必会导致类似"公地悲剧"的严重后果（肖加元，2016）。环境保护具有公共性、外部性和阶段性三大特征，中国现阶段环境问题呈现的重要性和紧迫性迫切需要政府有效发挥公共财政在水环境保护中的作用，弥补水资源配置的市场失灵（苏明，2008）。财税政策在治理水环境方面发挥着重要作用，但如何通过科学设计财税政策来治理水环境显得更为重要，其有效性还存在争议（Bovenberg, A. L, 1994；王金南，2006；司言武，2010）。现代政府普遍奉行财税政策结合市场干预配置水资源，那么财税政策对于水环境治理效果究竟如何？在不同的经济阶段财税治理水环境政策效果是否会有不同？其政策效果还受哪些因素影响？本书基于省际数据的面板门槛模型对上述问题进行实证分析。

　　国外关于环境治理政策效应的实证研究始于20世纪90年代，Magat和Viscusi（1990）研究了环境治理政策对美国和加拿大纸装、纸制品企业的生物需氧量和固体悬浮物排放的影响，结果表明，环境治理政策能减少大概20%的排放量。Rilstone（1996）进一步验证了以上结论，研究结果表明，环境治理政策对影响污染排放量的减少上升到28%。Hettige等（1998）利用巴西、中国、印度、美国等发达国家、发展中国家的企业工业污水排放数据进行实证研究，发现严格的环境规制可以促使工业废水排放量随着收入增加而减少。同时国外还有关于政府绿色采购、排污费的环境治理财政政策效应的研究，Oosterhuis等（2006）认为，政府绿色采购是对环境和生态负责任的采购活动，需要供应商、环境问题专家和政府部门协作。政府绿色采购不仅要考虑采购产品的质量和环境功能，而且要考虑所采购产品在整个生命周期内对环境的影响；

---

[1] 雷芸. 论水资源保护的制度缺陷及其改革 [J]. 生态经济, 2008 (4): 36-39.

Vinish 等（2002）发现政府严格的排污费不仅不会影响企业经济效益，反而会增强企业竞争力。更进一步，有学者将其他变量引入研究中，Tzouvelekas 和 Lan 等（2007）利用 1960～1995 年 23 个国家数据，将二氧化碳排放量视作生产投入要素，研究结果发现，当环境引入生产时，传统总要素生产率增长被高估，环境对产出增长和技术进步均有贡献，并且在统计上高度显著，环境的产出份额高达 14%（Xepapadeas A and Tzouvelekas E，2007；Ian P and Dirk H，2014）。

　　国内关于环境治理问题的财税政策研究相对晚于西方国家，研究主要集中于环境财税政策。在中国分权管理的财政体制之下，地方政府公共支出结构存在重基本建设轻人力资本投资和公共服务的扭曲，并且在经济性和非经济性公共物品两者之间存在明显差异（平新乔和白洁，2006；傅勇和张宴等，2007），这导致政府财政环境治理支出上存在投入不足问题。朱浩、傅强和魏琪（2014）利用 DEA-Tobit 模型研究我国地方政府环境保护支出的效率，并着重考察了中国的制度因素以及其他相关因素对环境保护支出效率的影响，他们进一步指出，中国各省份的环境保护财政支出中普遍存在着技术无效率现象，同时指出 GDP 为核心的考核机制是效率差异的根源。在中国式财政分权的大背景之下，研究都得出了相对一致的结论：分权框架下，经济增长的政绩考核压力使得地方政府更倾向于供给见效较快的基础设施等"显性"公共品，而对社会福利性支出不感兴趣，进而恶化了地方政府之间的竞争，最后导致环境公共支出力度不够。这个结论在很多研究中得到验证，如陈思霞、卢洪友（2014）等。在税收政策的环境效应研究方面，国内主要集中研究征收环境税是否具有改善环境质量和提高社会福利的作用。刘晔和周志波（2010）认为，中国环境税改革所涉及的行业和领域往往都是资源、能源、造纸、建筑等由国有企业垄断的产业，对于这些行业，环境税的实施在带来环境质量改善的同时付出了很大的经济代价，因而不能实现"双重红利"。

相对于既有研究文献而言，本书的贡献主要在以下三个方面：（1）现有的研究大多针对中国的整体环境治理展开，而对于水环境治理效果的研究相对不足，相关的实证分析则更少；（2）不多的环境政策治理效果的实证研究，主要集中于财税政策对环境治理的线性关系影响，没有考虑到非线性的门槛效应；（3）丰富了环境财政、政策效应评估等相关研究文献。基于此，本书从中国水环境治理出发，研究了中国水环境治理性财政支出政策的门槛效应，以期更全面客观地评价中国水环境政策治理效果。

5.2 模型设定与指标选取

5.2.1 面板门槛模型的设定

本书采用 Hansen（1999）面板门槛模型（panel threshold model）进行实证分析，对数据进行自动识别来确定门槛值以内生地划分不同的财税政策投入区间，进而准确分析财税政策与水环境治理质量之间的非线性关系。为了避免因为遗漏了重要变量导致的内生性问题，模型中引入了不同的外生控制变量，最终建立如下的面板门槛模型：

$$Waterenvir_{it} = \alpha_1 Fiscal_{it}(pergdp < \gamma_1) + \alpha_2 Fiscal_{it}(\gamma_1 \leqslant pergdp < \gamma_2) + \cdots$$
$$+ \alpha_{n+1} Fiscal_{it}(pergde \geqslant \gamma_n) + \sum_{in=2}^{M} \alpha_m Control_{it} + \mu_i + q_t + \varepsilon_{it}$$

(5.1)

式（5.1）中，$Waterenvir_{it}$ 表示第 i 个省份第 t 年水环境治理质量指标；γ_n 表示待估计的门槛值；$Fical_{it}$ 为第 i 个省份第 t 年财税政策，本书分别考察了财政支出总政策与各分项财税政策；$Control$ 是一系列的外生控制变量，主要包括：人均 GDP、人口抚养比、固定资产投资在 GDP 中所占比重、农村人口占比、进出口总额占比和第二、第三产业比重；ε_{it} 为随机扰动项。此外，通过年份和地区固定效应分别来控制不可观测的随时变和不随时变的因素。

为了消除个体固定效应 μ_i 的影响，需要对式（5.1）进行组内平均，再以式（5.1）减去各组内平均得到：

$$Waterenvir'_{it} = \alpha_1 Fiscal'_{it}(pergdp < \gamma_1) + \alpha_2 Fiscal'_{it}(\gamma_1 \leqslant pergdp < \gamma_2) + \cdots$$
$$+ \alpha_{n+1} Fiscal'_{it}(pergdp \geqslant \gamma_n) + \sum_{m=2}^{M} \alpha_m Control'_{it} + q_t + \varepsilon'_{it} \quad (5.2)$$

对应于任意门槛值 γ，可以通过求残差平方和得到各参数的估计值。而最优门槛值 $\hat{\gamma}$ 应该使 $S_1(\gamma)$ 在所有残差平方和中最小，即：

$$\hat{\gamma} = \mathrm{argmin} S_1(\gamma) = \mathrm{argmin} e_i(\gamma)' e_i(\gamma) \quad (5.3)$$

满足式（5.3）的观测值便是门槛值，当门槛值确定之后，其他参数值也就能够相应确定。在得到参数估计之后需要检验两个方面：一是门槛效应是否显著；二是门槛的估计值是否等于其真实值。第一个检验即对应于门槛值的样本数据中是否真的存在会导致经济结构变动的机制转换，其原假设为：

$$H_0: \alpha_1 = \alpha_2 \quad (5.4)$$

而无法识别门槛值，则有：

$$H_1: \alpha_1 \neq \alpha_2 \quad (5.5)$$

对应的 F 统计量构建为：

$$F = \frac{S_0 - S_1(\hat{\gamma})}{\hat{\gamma}^2} \quad (5.6)$$

其中，S_0 为在原假设 H_0 下的残差平方和。由于在原假设 H_0 下，F 统计量为非标准分布，因此 Hansen 建议采用"自抽样法"（bootstrap）来得到其渐进分布,进而构造出其 P 值,本书采用的正是这种方法。当确定某一变量存在门槛效应后,还需要进一步运用似然比统计量进行检验,确定其门槛值的置信区间,此时,零假设为:

$$H_0 : \gamma = \hat{y} \tag{5.7}$$

相应地似然比统计量为:

$$LR(\gamma) = \frac{S_1 - S_1(\hat{\gamma})}{\hat{\gamma}^2} \tag{5.8}$$

对于似然比统计量的非标准分布,采用和 F 统计量同样的"自抽样"法来构造 P 值。

5.2.2 变量说明与数据描述

本书主要基于 2003~2013 年中国 30 个省份(未包括港澳台和西藏自治区)的省际面板数据展开分析,原始数据均来自历年《中国统计年鉴》及《中国环境统计年鉴》,具体指标包括了分省水环境治理质量、财税政策数据和其他宏观经济指标,其中个别指标在特定年份统计数据缺失。为了对计量方程参数进行估计,进一步对指标选取说明如下:

(1)水环境治理质量。我们从两个方面采用多指标来分别度量水环境治理质量。首先,通过最终水环境质量来考察政策治理效果,具体而言分别采用废水排放中化学需氧量[1]、氨氮排放量对水质进行度量[2](李茜等,2015)。前者是以化学方法测量水样中需要被氧化的还原性物

---

[1] 郑青,韩海波,周保学,李金花,白晶,蔡伟民. 化学需氧量(COD)快速测定新方法研究进展 [J]. 科学通报,2009(21):3241-3250.

[2] 娄保锋,臧小平,吴炳方. 三峡水库蓄水运用期化学需氧量和氨氮污染负荷研究 [J]. 长江流域资源与环境,2011(10):1268-1273.

质的量，它是一个重要的而且能较快测定的有机物污染参数；而废水中的氨氮排放量将使水生生物代谢减少或停滞，损害包括鳃在内的一些重要器官，抑制其生长发育，甚至造成死亡。因此，上述两种指标能够较好地对水质进行度量，与此同时通过废水排放总量进行标准化处理，剔除地区生产和生活废水排放规模的影响。

考虑到一个地区的水环境污染主要来自生活污水和工业污水，而且较集中在城市地区，我们进一步采用城市污水处理状况[1]、工业废水排放状况（唐志鹏等，2008；陆铭等，2014）来度量水环境治理质量。其中城市污水处理率（Wscll）反映了地区水环境的综合治理状况，而通过地区经济产值标准化的工业废水排放（Fspf_GDP）则在一定程度上刻画了地区经济生产总的水环境保护效率。这两个指标较好地从水环境直接治理产出上度量水环境治理效果。

（2）财政支出政策。我国有关治理水资源的财政支出政策，在多个环境类政策内都有非常具体的阐述；本书则更侧重于从省际宏观水环境治理支出角度进行分析。首先，考察政府总财政支出政策在环境治理中的效应，我们一般性地采用地区人均财政支出指标来度量财政支出政策总规模。其次，进一步分析分项水环境治理财政支出项目的影响。考虑到分项财政支出统计口径在2007年前后发生了巨大变动，这里将主要通过工业废水治理投资、环境污染治理投资，以及政府排污收费[2]等来具体度量政策干预状况。其中，环境污染治理投资指标通过地区生产总值进行了处理，剔除经济规模的影响；而工业废水治理投资和政府排污费收入则分别采用人均量来消除省份人口规模的影响。

---

[1] 易赛莉，卢磊. 城市污水处理可持续发展工艺选型和技改方法初探［J］. 环境科学与技术，2007（8）：60-64.

[2] 严格来说，政府排污费收入可以被视为政府对特定污染企业的一项负的财政环境规制支出。

(3) 门槛效应变量。我们将地区人均经济发展水平作为门槛变量，来分析在不同经济发展阶段下政府财税政策对水环境治理效果的不同影响作用。大量环境与发展关系的国别研究都表明，在经济发展达到一定水平前后，一国政策对于环境治理状况具有显著差异；而实际上这一状况将在中国地方政府"晋升竞标赛"模式下更加严重（沈琳和李佶，2009）。与此同时，中国不同区域中财政资金投入和治理能力也存在较大差异，而这种政策治理能力的差异也大致与地区发展水平正相关。如东部沿海地区相对于中部地区，政府行政能力更强、效率更高；而中部地区则又要强于西部地区。因此，从这方面来讲，政策资金使用效率也将在经济发展水平上存在门槛效应①。

基于此，本书将着重考察财政税收政策水环境治理中在经济发展水平上所存在的门槛效应。我们将采用地区人均 GDP 作为门槛效应变量。

(4) 其他控制变量。省区经济特征也影响地区水环境治理质量，因此这些指标同样需要在分析中予以考虑。本书实证分析中也同时控制了现有研究中常规的省际宏观经济变量（卢盛峰和刘潘，2015），具体包括：第二和第三产业比重、人口抚养比、固定资产投资占比、农村人口占比、进出口总额占比等。这些指标作为控制变量，有利于剔除中国省际之间各种主要经济因素对地区水环境治理质量的影响。

此外，相关绝对金额类指标均采用分省份基期的物价指数进行了消胀处理，保证指标在不同年份和区域间的可比性。主要变量的统计性描述，如表 5.1 所示。

---

① 孙才志，赵良仕，邹玮. 中国省际水资源全局环境技术效率测度及其空间效应研究[J]. 自然资源学报，2014 (4)：553 – 563.

表5.1 变量统计性描述

变量名称	含义	均值	标准差	样本数
Wscll	城市污水处理率（%）	63.25223	20.49733	300
Fspf_GDP	万元GDP工业废水排放（吨）	9.04131	6.632698	300
Hxxyl	废水排放中化学需氧量占比（‰）	32.82995	14.98924	330
Adpfl	废水排放中氨氮排放量占比（‰）	3.243757	1.347682	330
Perczzc	人均财政支出（万元）	0.5189294	0.3996591	330
Perfszl	人均工业废水治理投资（元）	11.30732	8.76902	330
Perpwf	人均排污费收入（元）	12.48473	10.173	330
Hjwrtz	环境污染治理投资占GDP比重（%）	1.31475	0.587185	330
Pergdp	人均GDP（万元）	2.774688	1.907551	330
Rkfyb	人口抚养比（%）	36.74991	6.967854	330
Gdzctz	固定资产投资在GDP中所占比重（%）	57.83292	17.75126	330
Ncrkzb	农村人口占比（%）	50.24184	14.62689	330
Jckze	进出口总额占比（%）	4.740342	5.807439	330
Industry	第二、第三产业比重（%）	87.29928	6.527843	330

5.3 实证结果分析

5.3.1 门槛效应检验

根据Hansen（1999）的思路，本书首先对门槛效应进行检验，以确定不同回归方程中的门槛个数。在本书中共有6个回归方程，表5.2的回归结果显示，除了方程（5.2）的三重门槛效应检验在10%的显著水平上拒绝原假设，其余的五个方程均没有足够理由拒绝原假设，表明只有一个方程存在三重门槛效应；除了方程（5.4）的单一门槛效应检验不拒绝原假设，其他五个方程至少在10%的显著水平上拒绝原假设，表明存在门槛效应，其中方程（5.1）和（5.3）在5%的显著水平上拒绝原假设，门槛效应较为明显；在双重门槛效应检验中方程（5.6）不拒绝原假设，剩下五个方程都在10%以上的显著水平上拒绝原假设，其中方程（5.4）在1%的显著水平上拒绝原假设，双重门槛效应非常显著。

表 5.2　　　　　　　　　　门槛估计值汇总

方程	单一门槛模型		双重门槛模型		三重门槛模型	
	门槛估计值	F 统计量	门槛估计值	F 统计量	门槛估计值	F 统计量
(5.1)	$\gamma_1 = 2.795$	20.549**	$\gamma_1 = 2.152$ $\gamma_2 = 2.795$	3.705*	$\gamma_1 = 2.152$ $\gamma_2 = 2.795$ $\gamma_3 = 1.240$	1.506
(5.2)	$\gamma_1 = 2.867$	11.592*	$\gamma_1 = 3.478$ $\gamma_2 = 2.879$	12.360**	$\gamma_1 = 3.478$ $\gamma_2 = 2.879$ $\gamma_3 = 0.906$	4.238*
(5.3)	$\gamma_1 = 2.880$	38.826**	$\gamma_1 = 6.750$ $\gamma_2 = 2.853$	21.282**	$\gamma_1 = 6.750$ $\gamma_2 = 2.853$ $\gamma_3 = 1.240$	2.349
(5.4)	$\gamma_1 = 2.503$	26.269	$\gamma_1 = 3.942$ $\gamma_2 = 2.879$	14.159***	$\gamma_1 = 3.942$ $\gamma_2 = 2.879$ $\gamma_3 = 1.623$	6.267
(5.5)	$\gamma_1 = 0.869$	7.904*	$\gamma_1 = 3.282$ $\gamma_2 = 0.885$	8.329**	$\gamma_1 = 3.282$ $\gamma_2 = 0.885$ $\gamma_3 = 8.521$	4.941
(5.6)	$\gamma_1 = 0.869$	6.017*	$\gamma_1 = 6.835$ $\gamma_2 = 0.885$	8.271	$\gamma_1 = 6.835$ $\gamma_2 = 0.885$ $\gamma_3 = 3.589$	3.549

注：1. 自举（Bootstrap）抽样次数设定为500次。2. ***、** 和 * 分别表示在1%、5%和10%的水平上显著。3. 在这6个方程中，方程（5.1）的因变量为废水排放中化学需氧量比，核心解释变量为人均工业废水治理投资；方程（5.2）中被解释变量为废水排放中氨氮排放量占比，核心解释变量为人均工业废水治理投资；方程（5.3）和方程（5.4）中解释变量换成人均财政支出，被解释变量则分别与方程（5.1）、方程（5.2）保持一致；考虑到样本的稳健性，在方程（5.5）和方程（5.6）中被解释变量则换成城市污水处理率，解释变量则在方程（5.5）为人均工业废水治理投资，在方程（5.6）则为人均排污费。

第 5 章 中国水环境治理的财政政策效应及检验

同时，我们也汇报了在不同模型设定下效应的直观结果。通过似然比函数图我们可以较为清晰地看出门槛值的估计与置信区间的构造过程，图 5.1～图 5.6 结果表明，不论是如何设定水环境治理质量、财政税收治理政策指标，影响效应中的门槛效应均显著存在①。可以看出，在单一门槛值搜索中，方程（5.1）～方程（5.6）的门槛参数估计值分别为：2.795、2.867、2.880、2.503、0.869 和 0.869。而在一些方程中更是存在双重门槛效应，甚至是三重门槛效应。这些门槛值的识别为后续的计量参数估计提供了基础。

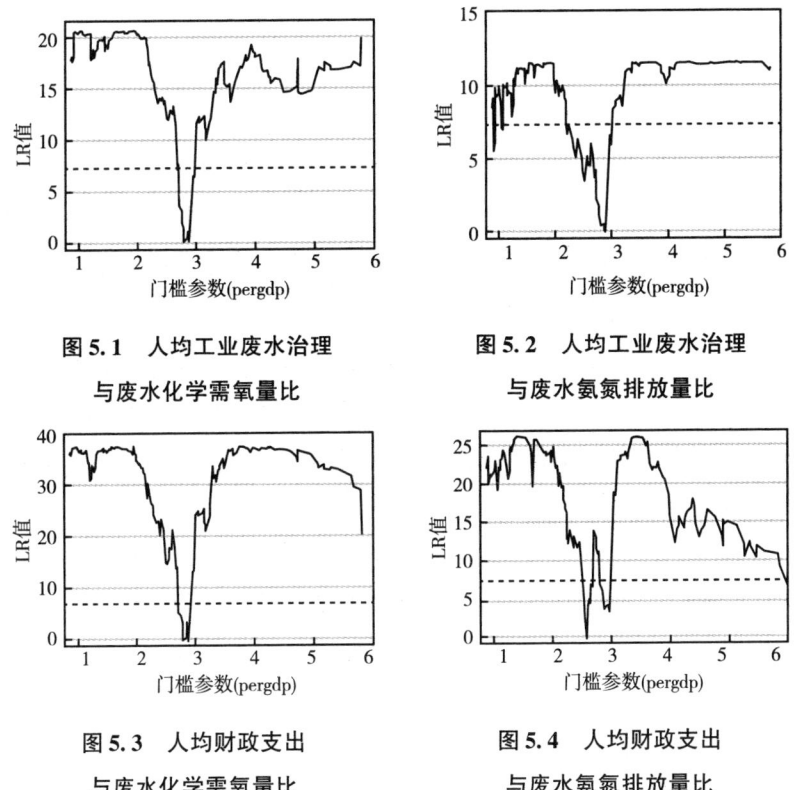

图 5.1　人均工业废水治理
与废水化学需氧量比

图 5.2　人均工业废水治理
与废水氨氮排放量比

图 5.3　人均财政支出
与废水化学需氧量比

图 5.4　人均财政支出
与废水氨氮排放量比

---

① 图中实线为随着 γ 变动的必然率走势，虚线为根据 Hansen 计算的 95% 的置信水平下的渐近临界值。

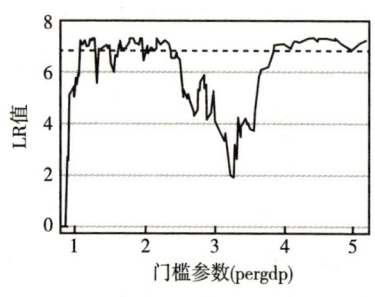 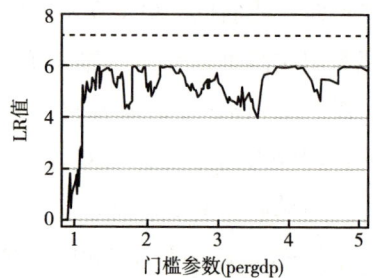

图 5.5　人均工业废水治理与城市污水处理率　　图 5.6　人均排污费与城市污水处理率

5.3.2　门槛模型估计

本章将在门槛值测度基础上，分别选取废水排放中化学需氧量占比和废水排放中氨氮排放量占比作为水环境治理质量度量指标，对政府财税水环境治理政策的影响效应进行检验。污水排放中化学需氧量和氨氮排放量占比越大说明该废水中受有机物的污染越严重，水治理产出效果越差，即表示水环境治理质量效果越差。我们同时采用固定效应模型（FE）对上述方程进行回归分析，为了保证估计结果的有效性和可靠性，进一步将使用稳健性标准误下的固定效应模型（FE_robust）对参数估计有效性进行对比分析。

方程（5.1）在单一门槛效应检验下显著，因此初步判定具有门槛效应；在确定单一门槛的基础之上继续搜索双重门槛值，双重门槛效应在10%的显著水平上显著，但是三门槛效应没有通过显著性检验，因此接受原假设即存在两个门槛值，主要对双重门槛模型进行分析。通过表5.3可以发现，被解释变量为废水排放中化学需氧量占比，以人均GDP为门槛变量，废水治理投资的估计系数为负，和我们的预期一致，同时门槛值将各省份的废水治理投资划分为三个层次，在不同的层次废水治理投资对水环境治理质量显著不同：当人均GDP小于门槛值2.152

第 5 章 中国水环境治理的财政政策效应及检验　101

表 5.3　门槛模型估计结果

变量	(1) 因变量：废水排放中化学需氧量比							(2) 因变量：废水排放中氨氮排放量占比						
	单一门槛模型		双门槛模型		单一门槛模型		双门槛模型		三门槛模型	
	FE	FE_robust	FE	FE_robust	FE	FE_robust	FE	FE_robust	FE	FE_robust
Perfszl (pergdp≤γ_1)	-0.023** (-2.55)	-0.023* (-1.98)	—	—	-0.00214*** (-2.63)	-0.00214* (-1.78)	—	—	—	—
Perfszl (pergdp>γ_1)	0.0137 (1.39)	0.0137 (1.06)	—	—	0.000407 (0.47)	0.000407 (0.27)	—	—	—	—
Perfszl (pergdp≤γ_1)	—	—	-0.017* (-1.73)	-0.017 (-1.58)	—	—	-0.00213*** (-2.67)	-0.00213* (-1.74)	—	—
Perfszl (γ_1<pergdp≤γ_2)	—	—	-0.037*** (-3.07)	-0.037** (-2.43)	—	—	0.00253** (2.35)	0.00253 (1.49)	—	—
Perfszl (pergdp>γ_2)	—	—	0.011 (1.07)	0.011 (0.86)	—	—	-0.000945 (-0.99)	-0.000945 (-0.73)	—	—
Perfszl (pergdp≤γ_1)	—	—	—	—	—	—	—	—	0.00432 (1.19)	0.00432 (0.94)
Perfszl (γ_1<pergdp≤γ_2)	—	—	—	—	—	—	—	—	-0.00178** (-2.18)	-0.00178 (-1.50)
Perfszl (γ_2<pergdp≤γ_3)	—	—	—	—	—	—	—	—	0.00262** (2.45)	0.00262 (1.55)

续表

变量	(1) 因变量: 废水排放中化学需氧量比				(2) 因变量: 废水排放中氨氮排放量占比				三门槛模型	
	单一门槛模型		双门槛模型		单一门槛模型		双门槛模型		FE	FE_robust
	FE	FE_robust	FE	FE_robust	FE	FE_robust	FE	FE_robust		
Perfszl ($pergdp > \gamma_3$)	0.3135725 * (2.32)	0.3135725 (1.42)	0.296 ** (2.19)	0.296 (1.29)	—	—	—	—	-0.000984 (-1.04)	-0.000984 (-0.76)
Hjwrtz	-0.0008184 (-0.04)	-0.0008184 (-0.04)	-0.00606 (-0.30)	-0.00606 (-0.29)	0.00757 (0.63)	0.00757 (0.51)	0.00499 (0.42)	0.00499 (0.35)	0.0163 (0.14)	0.0163 (0.11)
Rkfyb	0.0064089 (1.01)	0.0064089 (0.56)	0.00873 (1.34)	0.00873 (0.71)	-0.000357 (-0.20)	-0.000357 (-0.16)	-0.000215 (-0.12)	-0.000215 (-0.10)	-0.000440 (-0.25)	-0.000440 (-0.21)
Gdxcstz	-0.0360001 (-1.36)	-0.0360001 (-0.99)	-0.0360 (-1.36)	-0.0360 (-0.99)	-0.000576 (-1.02)	-0.000576 (-0.56)	-0.000683 (-1.23)	-0.000683 (-0.73)	-0.000491 (-0.87)	-0.000491 (-0.52)
Ncrkzb	0.0460534 (0.93)	0.0460534 (0.95)	0.0471 (0.96)	0.0471 (0.96)	-0.00870 *** (-3.70)	-0.00870 * (-2.01)	-0.00969 *** (-4.15)	-0.00969 ** (-2.50)	-0.0102 ** (-4.35)	-0.0102 ** (-2.65)
Jckze	-0.0753046 *** (-2.84)	-0.0753046 * (-2.26)	-0.0773 ** (-2.92)	-0.0773 ** (-2.32)	0.00918 ** (2.09)	0.00918 (1.33)	0.00766 * (1.77)	0.00766 (1.25)	0.00808 * (1.87)	0.00808 (1.31)
Industry	10.77505 *** (3.67)	10.77505 *** (3.39)	11.04 *** (3.77)	11.04 *** (3.51)	-0.00540 ** (-2.30)	-0.00540 ** (-2.25)	-0.00545 ** (-2.36)	-0.00545 ** (-2.11)	-0.00509 ** (-2.21)	-0.00509 * (-1.92)
常数项					1.238 *** (4.75)	1.238 *** (3.97)	1.305 *** (5.08)	1.305 *** (4.15)	1.293 *** (5.05)	1.293 *** (4.22)

续表

| 变量 | (1) 因变量: 废水排放中化学需氧量占比 |||| (2) 因变量: 废水排放中氨氮排放量占比 ||||||
| | 单一门槛模型 || 双门槛模型 || 单一门槛模型 || 双门槛模型 || 三门槛模型 ||
	FE	FE_robust	FE	FE_robust	FE	FE_robust	FE	FE_robust	FE	FE_robust
年份固定效应	控制	控制	控制	控制	控制	控制	控制	控制	控制	控制
省份固定效应	控制	控制	控制	控制	控制	控制	控制	控制	控制	控制
R^2_{within}	0.2020	0.2020	0.2102	0.2102	0.206	0.206	0.234	0.234	0.243	0.243
F值	9.241***	4.14***	8.61***	3.94***	9.451***	8.038***	9.897***	9.381***	9.306***	10.01***
样本数	330	330	330	330	330	330	330	330	330	330

注: ***, ** 和 * 分别表示在1%、5%和10%的水平上显著。

万元时，废水治理投资每增加1元废水排放中化学需氧量会减少0.017个单位；当人均GDP位于2.152万～2.795万元，废水治理投资的治理质量会显著提高，由0.017提高到0.037；当人均GDP跃过2.795这一门槛值时，废水治理投资的估计系数变为了正，而且没有通过显著性检验，说明废水治理投资的增加反而会抑制水环境的治理，但是这种效果并不明显，与单一门槛模型中的区间分布结果是相似的。同时，可以发现在稳健性检验和固定效应中的基本结论是一致的，进一步确定了分析的可靠性。由此可以发现，在达到经济发展门槛值之前，政府废水治理政策有效地改善了水环境质量；而在越过门槛值之后反而不利于水环境质量的改善。这意味着在中国经济发展较差地区，政府废水治理投资政策有效地发挥了改进水环境质量的作用；而在经济发展水平更高的地区，政策并未有效地发挥作用。这一方面可以解释为不同区域间水环境的污染类型和层次上存在着较大差异，即便相同的废水化学需氧量、氨氮排放量占比下，中西部省份的污染更多地可能以更易治理的简单生活垃圾水污染为主，而由于工业发达、生产中的深加工程序和增值部分占比大，发达省份中的水环境污染深度更甚，而这必然将带来更高昂的治理成本。此外，另一种可能更为重要的根源在于，在中国式地方政府财政竞争中，经济发达"领头羊"地区之间的竞争强度相对于本身已经落后很多、竞争激励和意志被弱化的中西部地区要严重得多。这也从内在制度激励上，让经济更发达省份反而更加关注于经济增长指标，而弱化了环境指标在政府中的分量。

在方程（5.2）的门槛效应检验中通过了三门槛的检验，因此判断对于废水排放中氨氮排放量主要使用三门槛模型进行分析。具体来看，三个门槛值0.906、2.879和3.478将人均GDP划分为四组：在第一组中人均GDP小于3.478，废水治理投资的系数没有通过显著性检验；当GDP位于3.478～2.879时，废水治理每增加1个单位，废水排放中的氨氮排放量减少0.00178个单位；在第三组中，废水治理投资的估计系数更为显著，但是变成了正，会抑制水环境治理；在第四组中，解释变量没有通过显著性检验。分析结论同样表明，在达到经济发展门槛值之前，政府废水治理政策有效地改善了水环境质量；而在越过门槛值之后反而不利于水环境质量的改善。同时，我们可以发现，估计系数并不大，这也反映了中国当前水环境整体氨氮排放量基数不大。我们更关注的是在稳健性检验中均没有通过显著性检验，说明废水治理投资对于水环境的治理有一定的不确定性，因为地方政府存在发展经济和可持续环境保护的双重压力，在不同的年份之间经济发展具有波动性，同时加上地方政府领导的换离等因素，以及废水治理投资主要从财政支出，发展经济和环境保护，二者存在一定的竞争性矛盾。

在其他控制变量方面，人口抚养比、固定资产投资在GDP中的占比、农村人口占比和进出口总额在回归分析中都不显著，表明这些因素对于一个地区水环境治理质量的影响相关性很小。于此相反的是，地区经济结构在两个方程回归分析中都显著，而且估计系数都为负，这也说明地区经济结构对于地区环境质量具有很重要的影响，经济结构越优化，地区的环境质量越高。按照一般的认识，地区经济结构越优化，其第三产业对于经济发展的贡献度越大，第三产业相对于第一、第二产业产出的污水相对更少[1]。根据目前中国的人均GDP水平，很明显都大于上述的门槛值，但是目前中国的水环境治理质量并非乐观，说明了促进水环境治理的财税政策的效率偏低，投入总量大，但是最终治理效果不明显。

---

[1] 封志明，杨艳昭，游珍. 中国人口分布的水资源限制性与限制度研究 [J]. 自然资源学报，2014（10）：1637-1648.

5.3.3 进一步拓展研究

为了对上述研究进行拓展分析,我们进一步通过其他指标度量方法对方程进行重新估计。表5.4中的模型(3)和模型(4)分别检验了地区人均财政支出对水环境治理质量的影响;表5.5中模型(5)和模型(6)使用城市污水处理率度量水环境治理质量,在控制其他因素基础上分析了政府废水治理投资、政府排污收费政策的影响效应。

表5.4 人均财政支出与水环境质量

变量	(3) 因变量:废水排放中化学需氧量占比				(4) 因变量:废水排放中氨氮排放量占比	
	单一门槛模型		双门槛模型		双门槛模型	
	FE	FE_robust	FE	FE_robust	FE	FE_robust
Perczzc ($pergdp \leq \gamma_1$)	-0.266 (-0.64)	-0.266 (-0.36)	—	—	—	—
Perczzc ($pergdp > \gamma_1$)	1.220*** (4.52)	1.220** (2.31)	—	—	—	—
Perczzc ($pergdp \leq \gamma_1$)	—	—	0.789* (1.67)	0.789 (0.93)	-0.0134 (-0.33)	-0.0134 (-0.23)
Perczzc ($\gamma_1 < pergdp \leq \gamma_2$)	—	—	2.09*** (6.45)	2.09*** (2.94)	0.103*** (3.53)	0.103* (1.98)
Perczzc ($pergdp > \gamma_2$)	—	—	1.15*** (4.41)	1.15** (2.68)	0.0223 (0.89)	0.0223 (0.54)
Hjwrtz	0.284** (2.28)	0.284 (1.48)	0.235* (1.94)	0.235 (1.40)	0.00311 (0.27)	0.00311 (0.23)
Rkfyb	0.0214 (1.07)	0.0214 (0.95)	0.0261 (1.34)	0.0261 (1.20)	-0.0000220 (-0.01)	-0.0000220 (-0.01)

续表

变量	(3) 因变量：废水排放中化学需氧量占比			(4) 因变量：废水排放中氨氮排放量占比		
	单一门槛模型 || 双门槛模型	双门槛模型			
	FE	FE_robust	FE	FE_robust	FE	FE_robust
Gdzctz	0.00459 (0.74)	0.00459 (0.36)	-0.00484 (-0.76)	-0.00484 (-0.40)	-0.00135** (-2.22)	-0.00135 (-1.50)
Nerkzb	0.00332 (0.13)	0.00332 (0.09)	0.0273 (1.08)	0.0273 (0.67)	-0.00838*** (-3.54)	-0.00838** (-2.27)
Jckze	0.0248 (0.54)	0.0248 (0.36)	0.00285 (0.06)	0.00285 (0.06)	0.00640 (1.52)	0.00640 (1.06)
Industry	-0.0640*** (-2.64)	-0.0640* (-1.94)	-0.0590** (-2.49)	-0.0590* (-1.77)	-0.00392* (-1.75)	-0.00392 (-1.39)
常数项	6.822** (2.45)	6.822** (2.22)	0.000115*** (4.41)	0.000115*** (2.68)	1.117*** (4.34)	1.117*** (3.56)
年份固定效应	控制	控制	控制	控制	控制	控制
省份固定效应	控制	控制	控制	控制	控制	控制
R^2_within	0.327	0.327	0.367	0.367	0.285	0.285
F值	17.75***	5.556***	18.76***	7.488***	12.87***	10.25***
样本数	330	330	330	330	330	330

注：***、**和*分别表示在1%、5%和10%的水平上显著。

表5.5　　　　　　　　　财政支出政策与污水治理

变量	(5) 因变量：污水处理率			(6) 因变量：污水处理率	
	单一门槛模型		双门槛模型		单一门槛模型	
	FE	FE_robust	FE	FE_robust	FE	FE_robust
Perfszl (pergdp≤γ_1)	-1.001** (-2.37)	-1.001** (-2.25)	—	—		

续表

变量	(5) 因变量：污水处理率				(6) 因变量：污水处理率	
	单一门槛模型		双门槛模型		单一门槛模型	
	FE	FE_robust	FE	FE_robust	FE	FE_robust
Perfszl ($pergdp > \gamma_1$)	0.0428 (0.46)	0.0428 (0.46)	—	—		
Perfszl ($pergdp \leq \gamma_1$)	—	—	-1.158*** (-2.70)	-1.158** (-2.75)	—	—
Perfszl ($\gamma_1 < pergdp \leq \gamma_2$)	—	—	-0.0340 (-0.35)	-0.0340 (-0.29)	—	—
Perfszl ($pergdp > \gamma_2$)	—	—	0.225* (1.97)	0.225* (1.99)	—	—
Perpwf ($pergdp \leq \gamma_1$)	—	—	—	—	-0.473* (-1.67)	-0.473 (-1.50)
Perpwf ($pergdp > \gamma_1$)	—	—	—	—	0.112 (1.05)	0.112 (0.73)
Hjwrtz	0.478 (0.33)	0.478 (0.32)	0.587 (0.40)	0.587 (0.39)	0.00892 (0.01)	0.00892 (0.01)
Rkfyb	-0.573*** (-2.64)	-0.573 (-1.23)	-0.528** (-2.45)	-0.528 (-1.15)	-0.535** (-2.47)	-0.535 (-1.14)
Gdzctz	0.406*** (5.67)	0.406*** (3.35)	0.426*** (5.98)	0.426*** (3.68)	0.415*** (5.80)	0.415*** (3.49)
Ncrkzb	-2.499*** (-8.75)	-2.499*** (-4.23)	-2.247*** (-7.51)	-2.247*** (-3.75)	-2.475*** (-8.44)	-2.475*** (-4.24)
Jckze	0.764 (1.45)	0.764 (0.83)	0.897* (1.71)	0.897 (1.00)	0.835 (1.59)	0.835 (0.88)

续表

变量	(5) 因变量：污水处理率				(6) 因变量：污水处理率	
	单一门槛模型		双门槛模型		单一门槛模型	
	FE	FE_robust	FE	FE_robust	FE	FE_robust
Industry	1.182*** (4.07)	1.182** (2.49)	1.197*** (4.15)	1.197** (2.44)	1.168*** (3.98)	1.168** (2.34)
常数项	81.61*** (2.67)	81.61 (1.54)	63.89** (2.06)	63.89 (1.23)	78.98** (2.59)	78.98 (1.51)
年份固定效应	控制	控制	控制	控制	控制	控制
省份固定效应	控制	控制	控制	控制	控制	控制
R^2_within	0.777	0.777	0.782	0.782	0.776	0.776
F 值	114.3***	50.68***	104.2***	51.60***	113.7***	44.54***
样本数	300	300	300	300	300	300

注：***、**和*分别表示在1%、5%和10%的水平上显著。

模型（3）通过了双门槛模型效应检验，没有理由拒绝三门槛检验，因此本书利用双门槛模型进行分析。门槛值将人均 GDP 分为3组，在3组固定效应模型中财政支出规模均通过了显著性检验，但是其估计系数为正，与我们的经验相违背。可能的原因是在当前以 GDP 经济目标为导向的中国行政人员考核机制之下，地方政府的财政支出更多用于经济建设支出，而环境治理等公共服务支出没有得到重视。与上述分析结果相一致，人口抚养比、固定资产投资在 GDP 中的占比、农村人口占比和进出口总额在回归分析中都不显著，印证了这些因素对于水环境治理质量影响很小的结论。但是值得注意的是，与门槛模型估计结论也相同的是，经济结构估计系数为负；具体来说，第二、第三产业比重每增加1个单位，废水排放化学需氧量占比减少0.059个单位，再次表明产业结构的重要性，地区水环境污染主要来自地区的生产活动而并非家庭生活活动，更优化的经济结构一方面带来水污染少，另一方面对经济增长促进力度大,用于水环境治理的资金更充足。

在模型(4)中,被解释变量为废水排放中氨氮排放量占比,在门槛效应检验中通过了双重门槛检验,同样利用双重门槛进行分析。与门槛模型估计中结果相似,财政支出总体规模在第二组中(2.879 < pergdp ≤ 3.942)估计系数通过显著性检验,但是系数为正,并且估计系数很小,对于水环境治理质量的影响很微弱;而在第一和第三组中没有通过显著性检验,甚至在经济发展水平更高地区反而恶化了水环境质量,可能的原因是东部省份等地区反而更加关注于经济增长竞争上的财政支出安排反而恶化了水环境,而落后地区由于本身在经济发展竞标赛中竞争无望,反而一定程度上不会过度关注经济性各类支出,这与上述门槛效应的分析是一致的。

表5.5中被解释变量利用城市污水处理率进行分析,与废水排放化学需氧量、氨氮排放量不同,污水处理率与水环境治理质量呈现正相关。方程(5.5)中废水治理投资为解释变量,在双重门槛效应下分为三组。人均GDP小于0.885时,废水治理投资估计系数显著为负,具体来说,废水治理投资增加1单位会使得污水处理率减少1.158个单位,效果很显著。第二组效果类似,我们更关注的是当人均GDP大于3.282时,废水治理投资的估计系数为0.225,对于水环境治理质量提高具有促进作用。在方程(5.6)中解释变量为排污费,排污费对于城市污水处理率的影响与方程(5.5)结论完全一致。在方程通过的单一门槛模型中,排污费的估计系数为负,说明在人均GDP小于0.869时政府排污收费政策并未有效提高水环境治理;而经济状况超过了一定门槛之后,政策在提高城市污水处理率上一定程度上具有正向激励作用。这一研究结论实际上对前文的分析形成有益补充,它表明在一般性简单污水处理上,当经济发展水平越过一定门槛值之后政策干预效果更加有效,同时也说明经济发展水平依然是影响水环境治理的决定性因素。

与此同时,人口抚养比、固定资产投资在GDP中的占比、农村人口占比和进出口总额在回归分析中都显著，一反上述的不显著结论，对于污水处理率具有促进作用；可能的原因是城市污水处理率需要依靠城市设备展开，在区域间水污染深度差异也进一步加剧了这一结果，使得对于经济发展水平的依赖度提高；同时城市生活污水比乡村地区相对更多，因此这些因素开始变得显著了。环境污染投资仍旧不显著，进一步说明地方政府行为对水环境治理的相对不重视。

5.4 结论与政策性建议

本章基于中国2003~2013年省级面板数据，构建面板门槛模型对财政政策与水环境治理质量的影响效应及传导机制进行了实证分析，研究发现：

其一，政府财政治理政策对于水环境治理质量的影响存在显著的门槛效应，但是在不同的层次作用具有不确定性。在双门槛模型中，当人均GDP跃过第二个门槛值时，废水治理投资的系数方向发生了变化，但是效果并不明显。地区之间经济发展程度不同对于水环境治理质量表现为效果显著性不同，在中国经济发展较差地区，政府废水治理投资政策有效地发挥了改进水环境质量的作用；而在经济发展水平更高的地区，政策并未有效地发挥作用。

其二，在废水中化学需氧量、氨氮比重等水质量指标中，人均地区经济产出越过门槛值后政策治理效应反而不再能有效改善水环境质量，这体现出区域间水污染程度上的差异。在城市地区更多地集中了居民以及工业部门，人口密度和水污染密度相对更高，而在农村地区则相对污染更小且污染程度低，治理相对更容易；在工业部门污水更多地含有化学物质等难处理的组成部分，而生活产生的污水则在处理难度和政策实施上更容易。

其三，在污水处理率等产出指标中，人均经济发展水平越过门槛值后政策治理效率显著提高，这表明经济发展水平依然是影响基础水环境治理的决定性因素。

基于上述结论，本章提出以下政策性建议以更好地发挥财税政策在水资源治理中的宏观调控效果：（1）经济发展水平对水环境治理效果具有决定性意义，同时水环境财政支出政策的治理效应同样会受到经济发展阶段的制约。（2）在设计水环境治理财政政策时，处于不同经济发展阶段地区的水环境特征同样需要纳入考虑。因为区域间水污染程度有差异，农村地区和城镇生活污水的治理重点是加强污染治理力度，而城镇工业污水的治理除了加大水污染防治投入力度以外，还应该重视工业污水治理工艺和技术水平的提高。

本章的价值在于利用面板门槛模型探索政府财政支出政策与水环境治理质量的关系，发现中国的环境财政支出政策存在明显的门槛效应，为政府科学地根据水环境污染的不同类型以及城市的经济发展阶段，来设计财政治理政策具有实践性意义。但本书没有针对环境税的激励作用作进一步探索，需要在以后的研究中继续完善。

第6章 我国水资源的综合治理与开发利用

——以湖北为例

　　水资源综合治理与开发利用是配置稀缺性的、具有"准公共商品"属性水资源的重要手段。通过分析湖北省水资源的基本现状和开发利用现状，探究湖北省水资源综合治理过程中出现的有效供水率低、工业废水排放严重、河流湖泊水质下降及水资源市场发育不完善等四方面的问题。造成湖北省水资源开发利用中上述问题的原因包括：财政投入水环境治理资金的支持不足和使用不规范，水资源管理体制僵化、监督缺位，"水资源费"与"水排污费"的政策失灵，现行水价制度所带来的负外部性和城乡居民节水、护水意识不强五个方面。通过借鉴国内水生态补偿成功经验以及英国、法国和美国等发达国家的水资源开发利用的经验，湖北省水资源开发利用的目标应该是保障居民基本饮用水以及工农业用水需要、水环境和水生态文明、"南水北调"中线工程的输水安全等三方面。为实现上述目标，湖北省水资源开发利用过程中应该坚持统筹兼顾、市场调节和政府主导相结合、因地制宜、分类管理以及提高水资源使用效率的基本原则。建议湖北省在下一阶段水资源开发利用中应进一步落实完善最严格的水资源管理制度，适时推动水资源税和水排污税试点，建立水权交易制度，完善水资源市场，开展"爱水节水"宣传教育。

6.1 研究的背景与意义

6.1.1 问题的提出

党的十八大报告明确提出:"要更加自觉地珍爱自然,更加积极地保护生态,努力走向社会主义生态文明新时代。"在现代社会的发展过程中,生态环境的保护与建设对一个国家经济的可持续发展、社会的稳定以及人民的幸福生活有着重要的作用。水环境、水生态也是我国生态环境的重要组成部分。因此,现阶段对于水资源、水环境乃至水生态的保护与经营尤为重要。通过对湖北省水资源的综合治理与开发利用的研究,有利于湖北省进一步提高水资源的利用水平,改善水环境,优化水生态。

水资源是人类生产和生活不可缺少的自然资源,也是生物赖以生存的环境资源,随着水资源危机的加剧和水环境质量不断恶化,水资源短缺已演变成我国乃至世界备受关注的资源、环境和生态问题之一。2012年,湖北省出台了《湖北省湖泊保护条例》。次年,湖北省政府又颁布了《湖北省农村用水管理办法》。这些规章的制定体现了湖北省对水资源、水环境以及水生态发展的重视。希望通过对湖北省水资源的综合治理与开发利用的研究,探索水资源高效利用的途径以及水资源高效管理的模式,从而进一步改善湖北省的水资源治理与开发现状,提高水资源开发利用效率,并以此为契机,推动湖北省的经济转型和可持续发展能力。

湖北省是水资源大省,也是人口大省。虽然水资源的总量大,但是人均水资源量只有 1 574.33 立方米/人,低于国际上公认人均 1 700 立方米/人的警戒线。更重要的是,随着近几年湖北省经济、社会的快速发展，尤其是工业化和城镇化水平的进一步提高，对水资源的需求量日益增大，水污染、水环境恶化和水生态问题也受到了社会各界的广泛关注。如何发挥湖北省的水资源优势、促进水生态文明建设，是摆在湖北省全体理论工作者和政策制定者面前最为突出的问题。

湖北省处于我国"一路一带"重大战略的核心地带。湖北省的经济稳定健康发展对于我国整个"一路一带"的实施具有重要意义，而湖北省的水资源高效利用与水环境的改善是湖北省经济稳定发展的前提。特别是"南水北调"中线工程的成功送水，给湖北省的水资源综合治理与开发利用带来了新的挑战和希望。这些变化不仅使湖北省水资源进行综合治理的紧迫性逐渐增强，也对湖北省建立一个既能够满足经济发展和居民生活需求，又能够对水资源生态环境形成保护的开发利用体系提出了新的要求。

6.1.2 研究的意义

现阶段对湖北省的水资源综合治理与开发利用的研究具有丰富的现实意义与理论意义。从现实意义角度来讲，我国目前的水资源管理办法相对较为落后，欧盟、美国、日本等发达国家都已构建了较为完善的从中央到地方的水资源治理与开发利用体系。以英国为例，采用"议会式"的流域委员会及其执行机构（流域水管局）来统一管理流域水资源，各自职权归属明确、效率高。通过实行水权分配、取水量管理、污水排放和河流水质控制等相关管理制度，快速地恢复了国内主要河流的水质。再通过防洪税、取水许可证及环保费和项目合作费基本弥补了实施管理而花费的成本，以此实现水资源的高效管理。因此，现阶段以湖北省水资源综合治理与开发利用的研究为切入点，能够在一定程度上缩小我国与发达国家水资源的管理差距，提高我国水资源的管理效率。

根据 1999~2014 年《湖北省水资源公报》的相关数据表明，湖北省长江和汉江干流水质条件主要为 II 类水和 III 类水，中小河流水质污染严重，1/4 的中小河流是超 III 类标准水（超 III 类标准水无法作为生活用水）；水质问题已严重威胁到湖北省居民的基本饮用水安全。通过对湖北省水资源综合治理与开发利用的研究，寻找湖北省目前水质较差的主要成因，进而探析出较优的水质改善路径，改善湖北省河流、湖泊污染严重的现状。

从理论角度来看，本书的研究有利于丰富我国水资源综合治理与开发利用的基础理论，推动我国水资源费税改革，进一步完善我国的资源税与环境税体系。目前，我国对水资源征收水资源费和水排污费的实施办法与世界主要发达国家普遍开征水资源税和水排污税的办法还存在着一定的差距。这种差距主要表现为"税"相对于"费"来说，具有更强的权威性，权利与义务非对称性，税收缴纳上的无偿性以及在征收管理上的强制性。因此，对于湖北省水资源综合治理与开发利用的研究，可以在很大程度上推动湖北省水资源管理调控制度乃至我国资源税、环境税体系的完善。当然，提高水资源的综合治理与开发利用水平也会促进对于湖北省乃至我国经济结构转型升级的研究，从而丰富经济结构转型升级的理论基石和实施路径。

6.2 湖北省水资源现状

6.2.1 湖北省水资源的基本情况

（1）水资源总量丰富，但人均占有量少。首先，湖北省水资源相对稀缺，人均水资源较低。根据 2014 年《湖北省水资源发展报告》，全省水资源总量 914.29 亿立方米，只占全国的 3.5%，2014 年湖北省人均水资源量约为 1 574.33 立方米/人，低于我国的人均水平 1 998.64 立方米/人，也低于国际公认的警戒线 1 700 立方米/人。根据表 6.1，和东部地区经济较为发达的江苏和浙江相比，2014 年湖北省的人均水资源水平优于江苏省，远远劣于浙江省；同中部地区的安徽、江西相比，湖北省的人均水资源稍优于安徽，远劣于江西省；但相对于西部的重庆和四川省而言，湖北省的人均水资源量均处于劣势。人均水资源稀缺的不争事实，再加上秋冬季的降水稀少，湖北省秋冬季工、农业及生活用水安全问题应该得到更加广泛的关注和重视。

表 6.1 　　　　2014 年全国及部分省市人均水资源量调查统计情况

省市	水资源总量（亿立方米）	人均水资源量（立方米/人）
湖北	914.29	1 574.33
江苏	399.34	502.34
浙江	1 132.15	2 057.33
安徽	778.48	1 285.36
江西	1 631.81	3 600.64
四川	2 557.66	3 148.47
重庆	642.58	2 155.94
全国	27 266.90	1 998.64

资料来源：《2014 年全国水资源公报》。

由于地形、地貌和气候等原因，湖北省水资源地区分布十分不均。湖北省水资源呈现由南向北，由东南、西南向腹地平原湖区递减的趋势，南部地区的水资源是北部地区的 3 倍多，南北水资源量差异较大。如表 6.2 所示，荆州、宜昌、十堰、黄冈、咸宁、恩施地区的水资源总量较为丰富，武汉、黄石、襄阳、孝感、鄂州、荆门、仙桃、潜江等地区的水资源量较为稀缺。

表 6.2　　2014 年湖北省各行政区水资源与经济发展基本情况

行政区划	年降水量（亿立方米）	地表水资源量（亿立方米）	地下水资源量（亿立方米）	总水资源量（亿立方米）	人均（立方米/人）	人均 GDP（元/人）
武汉市	99.04	38.07	10.84	41.23	399	98 527.20
黄石市	65.84	34.38	7.63	35.42	1 446	49 838.85
襄阳市	169.07	34.38	7.63	50.08	894	55 968.31
荆州市	162.24	64.36	17.83	70.22	1 222	25 795.21
宜昌市	235.01	99.48	44.18	100.23	2 442	61 666.22
十堰市	224.76	83.93	29.18	83.93	2 488	28 543.95
孝感市	91.46	27.81	7.78	29.12	599	27 915.10
黄冈市	243.53	114.63	28.26	117.16	2 269	23 627.22
鄂州市	19.98	9.52	1.74	10.96	1 036	65 279.09
荆门市	97.64	20.06	11.25	21.23	735	35 663.80
仙桃市	25.83	9.26	3.08	11.06	949	46 611.53
天门市	24.88	5.99	3.37	7.54	584	31 176.11
潜江市	18.96	5.62	1.64	7.08	655	46 584.41
随州市	87.28	23.68	3.31	23.68	1 084	33 184.26
咸宁市	165.16	92.96	19.33	95.09	3 820	38 802.82
恩施自治州	329.4	186.98	61.68	186.98	5 636	18 206.52
神农架林区	41.94	23.29	8.82	23.29	30 369	27 154.05
全省	2102.02	885.89	282.01	914.30	1 572	47 192.69

其次，湖北省水资源时空分布不均，季节差异明显。湖北省的降水主要集中在每年 4～9 月，约占全年降水总量的 70%～85%，容易引发湖北省南部地区在夏季的洪涝灾害；10 月至来年 3 月降水偏少，这不仅加大了合理分配湖北省水资源的难度，同时也造成了春旱等灾害容易在孝感、天门、随州和黄石等地区发生。

最后，湖北省的人均水资源分布与经济发展程度脱节，经济相对较为发达的武汉、襄阳等地区的人均水资源量较低，经济相对较为落后的咸宁、恩施和神农架地区人均水资源量十分丰富，这种分布局面在很大的程度上威胁着湖北省部分地区居民的基本生活用水安全和经济的可持续发展。

（2）过境水资源丰富，利用率低。湖北省主要位于长江水系和淮河水系，其中99.3%的区域位于长江水系，只有0.7%的区域位于淮河水系。河网密布，每年都有丰富的水资源通过河流入境湖北省，特别是长江和汉江干流的上游地区每年给湖北省带来丰富的过境水资源。根据2014年湖北省水资源公报数据可知，湖北省承接从长江、汉水上游以及洞庭湖、湘、资、沅、澧流域的大面积的入境水资源，年均总量达到6 698.74亿立方米，是湖北省总水资源量的7.32倍。

丰富的过境水资源对湖北省的水资源综合治理与开发利用具有重要的影响。一方面，湖北省是农业大省，但冬季和春季降水较少，水资源相对稀缺，农业灌溉需求难以得到满足，特别是孝感、天门、随州等地种植冬小麦，冬春季对于灌溉用水的需求较为强烈。因此，利用丰富的过境水资源，可以在很大的程度上缓解湖北省在冬季和春季的旱情。同时，我国"南水北调"中线工程的顺利输水，使得汉江水系的河流径流量有所下降，丰富的过境水资源将成为湖北省水资源开发利用的重要后备资源。另一方面，由于湖北省经济的较快发展，城镇化进程的加快、填湖造城工程的开展以及受河道淤泥堆积等因素的影响，湖北省湖泊面积萎缩，调节洪涝灾害的能力下降，过于丰富的过境水资源也加大了湖北省防洪工作和解决城市内涝问题的难度。

然而，湖北省目前对于过境水资源的开发利用率较低。《湖北省水资源公报》的相关数据表明，2012年湖北省对于过境水资源的开发总量不超过1.5亿立方米。与过境水资源总量6 274.68亿立方米相比，湖北省对于过境水资源的利用率不超过万分之三。丰富的过境水资源每年给湖北省防洪防涝工作带来巨大压力，将丰富的过境水资源变害为利已成为湖北省水利工作的重点之一。

6.2.2 湖北省水资源开发利用现状分析

(1) 湖北省水资源开发利用上取得的显著成绩。

第一，湖北农村地区水利设施建设取得阶段性成绩。在经济发展新常态时期，"三农"问题依然是我国经济发展不均衡下急需解决的重点难点问题，而农业水利建设对于促进"三农"问题的妥善解决具有重要的作用。首先，农业水利建设是促进农业生产发展、提高农业综合生产能力的基本条件；其次，加强农业水利建设可以促进农村生态环境的改善。促进生态文明是现代社会发展的基本诉求之一，建设社会主义新农村也要实现村容整洁，因此必须加强农业水利工程建设，统筹考虑水资源利用、水土流失与水污染等一系列问题及其防治措施，实现保护和改善农村生态环境的目的；最后，加强农业水利建设有利于提高和改善农民的生活水平与质量。

湖北省委、省政府及相关水利部门高度重视农村地区的水利设施建设。首先，以2012年为例，湖北省积极开展"万名干部进万村挖万塘"活动，全省扩挖塘堰21万口，新增蓄水量7.2亿立方米，改善灌溉农田642万亩，做到了村民小组当家塘全覆盖。其次，高度重视湖北地区农村的生活饮用水安全问题。围绕农村安全饮水"村村通"目标，总结过去的历史教训，湖北在全国率先发起的"千吨万人"以上适度规模工程建设，使"千吨万人"成为国家相关政策性文件的规范术语。2014年全省共有1 602处规模以上农村饮水供水项目和2 146处小型集中式供水工程相继开工，解决了335万人农村饮水不安全问题。最后，2014年，湖北水利投资稳中有增，落实水利建设资金142.1亿元，完成全省农田水利建设各类水利工程31万余处，完成土石方11亿立方米，新增、改善、恢复灌溉面积892万亩，除涝面积671万亩，发展节水灌溉面积88万亩，新增旱涝保收面积176万亩，改造渍害中低产田165万亩。这些努力也是湖北省农业经济得到稳步发展的重要原因。根据《2015年湖北省统计年鉴》，2010年以来湖北省农业经济对GDP的贡献率快速上升，其中，2014年湖北省农业经济对GDP的贡献率达到11.6%，高于全国同期平均水平的2.4%。

第二，治理排污排废工作取得了显著的进展。随着城市化和工业化的进程，水质性缺水已经成为湖北省水资源短缺的主要原因。因此，现阶段治理排污和排废工作的开展对于湖北省改变水质性缺水问题具有重要意义，也是为建设"美丽中国"重大的战略举措。湖北省环保及水利部门一直以来重视工业排废和生活排污的治理，并取得显著成绩。

如表6.3所示，首先，湖北省虽然废水排放总量自2005年以来呈现增长趋势，但是相对于经济和工业增长速度来说，废水排放总量上升速度缓慢，这在一定的程度上反映了湖北省治污治废工作的成效。其次，工业治废工作成效显著。从2008~2014年湖北省工业废水排放总量总体呈现下降趋势，其中2014年工业废水排放量较2008年下降了12.8%左右。再次，2005~2014年污染治理项目投资金额年均达到20.1亿元，为湖北省治污治废工作的开展提供了强有力的资金支持，也在很大的程度上体现了湖北省对于治污治废工作的重视。最后，湖北省重视治理废水项目的实施，2005~2011年，年治废项目上马都在100个以上，2012~2014年由于前期项目成效较为显著，年治废项目开工数有了较大的下降。

表6.3　　　　　　2005~2014年湖北省排废与治废情况

年份	废水排放总量（万吨）	工业废水排放总量（万吨）	污染治理项目投资金额（万元）	治理废水施工项目数（个）
2005	—	—	148 096	191
2006	—	—	148 872	199
2007	—	—	169 404	224

续表

年份	废水排放总量（万吨）	工业废水排放总量（万吨）	污染治理项目投资金额（万元）	治理废水施工项目数（个）
2008	258 873	93 687	161 453	178
2009	265 757	91 324	281 332	126
2010	270 755	94 593	277 416	98
2011	293 064	104 434	153 811	158
2012	290 200	91 609	154 496	43
2013	294 054	84 993	251 745	28
2014	301 703	81 657	262 884	38

资料来源：《湖北省统计年鉴2015》。

第三，积极推动丹江口水源地和"南水北调"中线工程建设。"南水北调"中线工程是我国水资源综合开发与经济社会发展的重大战略工程，对于解决北京、天津、河南和河北四省市的水资源短缺问题具有重大意义。湖北省从全国发展大局出发，高度重视丹江口水源地和"南水北调"中线工程建设，积极推动丹江口地区的移民、植被保护、工程建设等方面的工作，最终达到"一江清水送北京"的战略目的。

湖北省为了缓解"南水北调"中线工程的调水工作对汉江中下游的不利影响，规划建设兴隆水利枢纽、引江济汉、部分闸站改造、局部航道整治工程。其中，兴隆水利枢纽任务是枯水期壅高库区水位，改善库区沿岸灌溉和航运条件；引江济汉工程从长江荆州段龙洲垸引水至汉江潜江段高石碑，全长67.1公里，任务是满足汉江兴隆以下生态环境用水、河道外灌溉、供水及航运需水要求，可基本解决中线一期工程调水对汉江下游"水华"灾害影响，解决东荆河的灌溉水源问题。

（2）湖北省水资源开发利用中供、用水情况分析。

第一，供水情况。供水量是指由供水企业或单位向用户提供的全部水量，反映了一个地区水资源的供给能力和水资源的供给量。供水量核算的过程既包括有效供水量,也包括漏损水量(即耗水量)。当然,供水量不同于可供水量。可供水量是指通过各种工程措施,可开发利用的水资源量。一般把通过蓄水、引水、提水、调水等各类工程措施,改变天然水资源的时间、地区分布所能获的水资源量计入可供水量。一般来说,学术界和水利研究部门更多关注于一个区域的供水量,并将供水量分为地表水供水、地下水供水和其他水源供水。其中,其他水源供水主要是指污水处理回用供水和过境水资源供水。

如图 6.1 所示,湖北省从 2005 年开始一直到 2012 年,水资源的供水量呈现出平稳上升的趋势,2008 年出现了较大的增幅,反映了湖北省水资源供给能力的逐渐增强和人们对水资源需求量的增加。进入 2012 年后,水资源供给量呈现平稳下降的趋势,在一定程度上反映了湖北省在节水工作上的成效,供水格局日趋优化。

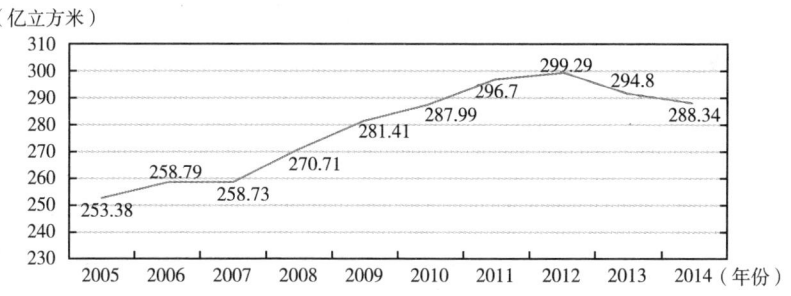

图 6.1　湖北省 2005~2014 年水资源供水量变化

但是,湖北省供水主要依赖于地表水供水,地下水供水和其他水源供水所占比重过低。根据 2014 年湖北省水资源公报显示,供水量中地表水供水占据了总量的 96.8%,地下水供水总量接近 3.2%,也就是说湖北省水资源供给中污水处理回用和过境水利用量接近于零。尽管我国蓄水、引水、提水技术能力不断提升,地表水和地下水都得到了较充分的利用,但对于污水处理回用和过境水利用技术过低,导致大量丰富的过境水和污水无法得到有效利用。

第二，用水情况。用水量是指用水户所使用的水量，通常是由供水单位提供，也可以由用水户直接从江河、湖泊、水库（塘）或地下取水获得。用水量主要反映一个区域对于水资源的需求量，等同于一个地区的供水量。一般来说，用水量根据其用途不同，分为农业用水、工业用水和居民生活用水。农业用水主要是指用于灌溉和农村牲畜的用水。湖北省是农业大省，是我国粮油的主要产区，农业用水安全对于湖北省的农业发展，乃至全国的粮食安全具有重要意义。工业用水是指工业生产中直接和间接使用的水量，主要是指利用水资源的水量、水质和水温。湖北省工业基础好，工业发达，工业对于湖北省的GDP贡献率约占GDP总量的46.9%（以2014年数据为依据），地位尤为重要。保证湖北省的工业用水稳定，对于湖北省的工业发展具有重要意义。居民生活用水主要指的是居民日常生活所需用的水，包括饮用、洗涤、冲厕和洗澡等。稳定居民生活用水，对于居民日常生活，改善生活条件和促进居民福利增进意义重大。

2013年1月2日国务院办公厅下达了《关于印发实行最严格水资源管理制度考核办法的通知》（下文简称《通知》），对湖北省水资源总用水量明确了一个定额的控制线。《通知》规定2015年湖北省用水量不得超过315.51亿立方米，到2020年不得超过365.91亿立方米，2030年不得超过368.91亿立方米。这一规定既使湖北省提高了对供水总量的关注，也使得湖北省对水资源利用效率更加重视。表6.4是湖北省近10年用水指标，2005～2012年，随着经济的增长，湖北省用水量呈逐步递增的趋势，2012年人均用水量、农田灌溉用水量均达到最高值。2013年为了响应国务院办公厅关于实行最严格水资源管理制度考核办法，湖北省对用水总量实行了严格的定额控制，2013～2014年人均用水量下降明显，2014年湖北省人均用水量仅为496立方米。万元国内生产总值用水量、万元工业增加值用水量均呈下降的趋势，2014年降幅较大，分别下降了9.9%、9.1%。

表 6.4　　　　　　　2005~2014 年湖北省用水指标　　　　单位：亿立方米

年份	2005	2006	2007	2008	2009	2010	2011	2012	2013	2014
人均用水量	423	429	426	444	459	473	515	526	503	496
农田灌溉亩均用水量	432	426	382	409	460	426	424	492	419	431
万元国内生产总值用水量	382	346	287	241	218	186	149	131	111	100
万元工业增加值用水量	325	307	282	231	196	185	139	96	77	70

6.3　湖北省水资源综合治理中的主要问题

6.3.1　有效供水率低

供水效率主要是用来反映一个地区的水资源利用水平和水利设施建设水平，通常用有效供水率进行衡量。

$$有效供水率 = \frac{用水量 - 耗水量}{用水量}$$

其中，耗水量是指用水过程中所消耗的、不可回收利用的净用水量。主要是指在输水、用水过程中，通过蒸腾蒸发、土壤吸收、产品带走、居民和牲畜饮用等各种形式消耗掉的水资源。一般来说，用水耗水量分为农业耗水、工业耗水和居民生活耗水。有效供水率通常介于 0~1 之间，其值越接近于 1，则表示该地区水资源利用水平和水利设施建设水平越高。湖北省有效供水率偏低，见表 6.5。

表 6.5　　　　　　　2007~2014 年湖北省耗水量变化　　　　　单位：亿吨

年份	工业 耗水量	工业 耗水率（%）	农业 耗水量	农业 耗水率（%）	生活 耗水量	生活 耗水率（%）	总耗水量（当年值）	与上年比较（±%）	总耗水率（%）
2007	28.05	29.0	75.40	56.9	16.63	56.4	120.08	-0.7	46.4
2008	28.14	29.0	80.70	56.5	18.05	58.4	126.89	5.7	46.7
2009	273.4	27.1	84.81	56.8	18.05	58.0	130.20	2.6	46.3
2010	31.71	26.1	78.56	56.8	18.97	58.2	129.24	-0.7	44.2
2011	29.79	24.7	81.00	56.9	17.91	52.6	128.70	0.7	43.4
2012	29.84	23.3	79.72	56.7	19.45	52.4	129.01	0.2	43.17
2013	17.65	19.10	89.10	58.20	22.35	48.20	129.10	-2.7	44.2
2014	18.86	20.90	86.32	57.30	22.61	47.70	127.78	-1.0	44.3

6.3.2　工业废水排放严重

湖北省的废污水排放量主要是第二产业的废水排放（即工业废水排放）。根据环保部门的调查发现，工业废水中存在着大量的 N、S 和卤素类有机物以及重金属物质，其危害巨大。一是大量的工业废水流入河流、湖泊等地表水，会使得水中的生物死亡甚至灭绝；二是工业废水破坏城市居民生活正常用水的水源地，危害居民的身体健康；三是工业废水直接排入土壤，破坏了土壤的结构，毁坏了地表植物和土壤中微生物的正常生长环境。根据表 6.6 计算，2005~2014 年湖北省工业废水的平均排放量占平均总排放量的 72.56%，尽管 2013 年废污水排放管制效果明显，排放量大幅度下降，但 2014 年废污水排放量上涨的势头不容小觑。截至 2014 年，湖北省年工业废水的排放量约为 22.78 亿吨，而工业用水总量为 90.16 亿吨，约占工业用水量的 25.27%，也就是说，每产生 1 吨的工业用水，就同时产生 0.2537 吨的工业废水。工业废水排放量仍然严重，对动植物的生长及其环境具有极其不利的影响。因此，湖北省的水务工作要高度重视工业废水的排放问题,用"市场"与"政府"双重手段来规范工业排污,牢牢记住1931年日本的"富山事件[①]"和1956年日本的"水俣事件[②]",并以此为警钟。

表6.6　　　　　2005~2014年湖北省废污水排放量　　　　单位:万吨

年份	用户废污水排放量			入河排污量	
	城镇居民生活	第二产业	第三产业	当年值	与上年比较（±%）
2005	76 535	323 642	27 755	29 9561	-2.1
2006	79 294	340 527	28 704	313 971	4.8
2007	77 333	360 238	29 673	327 084	4.2
2008	77 683	361 430	30 033	328 406	0.4
2009	79 942	376 954	28 536	339 814	3.5
2010	91 565	379 139	25 535	347 377	2.2
2011	107 269	381 662	30 072	363 314	5.3
2012	116 341	387 455	34 025	376 481	3.6
2013	118 232	219 436	90 114	299 454	-4.8
2014	121 285	227 766	98 886	313 569	4.7

6.3.3　河流湖泊水质下降

随着湖北省经济发展与城市化进程的加快,水资源污染问题日益严重。相对于湖北省人均水资源量较低的现状,水质性缺水已成为湖北省水资源开发利用中最大的危机。长江、汉江湖北段沿岸排污没有得到有效控制,形成多条污染带;汉江大部分支流也受到较为严重的污染,府河、通顺河等水质超过五类标准,达不到农田灌溉用水的水质要求。此

[①] 1931年于日本富士县神通川流域发现的一种土壤污染公害事件。
[②] 工业废水排放出现的公害病,1956年,发生于日本水俣湾,故称"水俣事件"。

外,"南水北调"中线丹江口水库的蓄水工程建设,使汉江下游河流径流量发生了较大的变化,改变了汉江下游地区的水资源环境与水资源生态,汉江"水华"频发,水质快速下降。

除湖泊持续萎缩和消失之外,湖北湖泊水体污染严重的态势尚未得到有效遏制。据统计,20世纪50年代,湖北有百亩以上的天然湖泊1 332个,目前仅存728个,减少45%。按湖北省水资源公报统计,全省Ⅳ类和劣于Ⅳ类水质标准的湖泊数量比例为56.5%。特别是小型湖泊水质普遍较差,主要超标项目为总磷、高锰酸盐和氨氮。受面积缩小、江湖阻隔、水体污染和过度养殖捕捞影响,湖北湖泊还面临生态功能退化、生物多样性下降的问题。

表6.7　　　　2014年湖北省主要河流湖泊水质构成　　　　单位:%

	Ⅰ类水	Ⅱ类水	Ⅲ类水	超Ⅲ类水
长江与汉江干流*	—	43.8	54.8	1.4
中小河流	12.0	42.1	18.3	27.6
湖泊	—	15.7	27.8	56.5

注:(1)河流水质评级比重以水质河长为评价依据;湖泊水质评级比重以水质面积为评价依据。(2)*主要指长江和汉江干流的湖北段。(3)超Ⅲ类水无法作为居民生活用水。

湖北省水资源的水质问题主要集中在中小河流和湖泊的水质问题上,其中,湖泊的水质问题尤为严重。由表6.7可见,首先,长江和汉江干流水质主要为Ⅱ类水和Ⅲ类水,明显优于湖北省的中小河流和湖泊水。中小河流虽然有12%的河段是Ⅰ类水,但是有超过1/4的水质超Ⅲ类,主要污染河流为香溪河、广水河、沮河、沮漳河、四湖总干渠、沦河、涢水、神定河、蛮河、泗河、竹皮河、白河、漻水、滚河、通顺河、㴩水、大富水、汉北河和华阳河等。其次,湖泊水质问题特别严重,超过1/2的湖泊都是超Ⅲ类水,优于Ⅱ类水的湖泊面积仅占湖北省湖泊总面积的15.7%,水质不乐观,主要污染的湖泊:汈汊湖、后官湖、洪湖、后湖、汤逊湖、大岩湖、东湖、严东湖、保安湖、磁湖、三山湖、龙感湖等12个湖泊水质为Ⅳ类，占44.1%；大冶湖、墨水湖、蜜泉湖、沉湖、涨渡湖、武山湖等7个湖泊为Ⅴ类，占8.5%；沙湖、南湖、南太子湖和网湖4个湖泊为劣Ⅴ类，占3.9%。河流湖泊水的严重水质问题，对动植物及人类生长环境产生了极其恶劣的影响。

6.3.4 水资源市场尚不完善

水资源市场的进一步完善，是水资源进一步优化配置的前提。目前，湖北省的水资源市场极其不完善。首先，市场缺乏较为完善的水资源法律法规。虽然《水法》《水污染防治法》等法律法规在一定的程度上对水资源的开发利用和水资源保护起到积极作用，但是尚不能全方位对湖北省水资源市场的交易进行规范。特别是未对水费、水资源费及排污费进行合理的市场定价，导致"搭便车现象"和"外部性不经济现象"频繁发生。

其次，水价尚未形成对水资源价值的真实反映，未能提高居民节水意识。价格是价值的反映，但是由于水资源具有"准公共商品"的经济学属性，其价格难以通过市场供求关系来形成。目前，湖北省水资源价格较低，水价由水费、水资源费和排污费组成，尚未反映水资源自身的价值。一方面，水价过低难以提高居民节水意识，以人均水资源量非常匮乏的武汉市为例，武汉市居民用水价格第一梯度的到户价格为2.62元/吨。另一方面，绝大多数居民对湖北省水资源情况了解太少，认为湖北省是水资源大省且具有丰厚的过境水资源，水资源将是湖北省"取之不尽，用之不竭"的资源，因此，节约、保护意识淡薄。农业灌溉模式粗放、工业废水的肆意排放以及居民生活用水的无节制，对湖北省水资源的长期可持续化发展产生了极大的影响。

最后，水资源分级市场问题较多。一般来说，水资源市场分为三级，也是基于水资源所有权、经营权和使用权分离的三级市场。一级市场主要是指水资源所有权市场,即水资源原料市场;二级市场是指水资源经营权市场,即从事水生产、处理和水事务服务的水资源工程企业向社会直接提供产品和服务;三级市场为水资源的使用权市场,即水资源消费市场。但是,湖北省目前尚未形成一级市场,无法体现对水资源拥有的产权;二级市场未形成成本收益核算的经营管理模式,一般由事业单位从事水资源的产品或服务的供给,效率低下;三级市场水资源供给价格过低,无法对需求产生制约作用,配置不具有合理性。

6.4 湖北省水资源综合治理中主要问题的原因剖析

6.4.1 资金支持不足与使用不规范并存

首先,水资源的综合治理与开发利用涉及的领域众多,防洪、除涝、供水、灌溉、水力发电、水运、水产、水上娱乐及生态环境等诸多方面都需要在水资源的综合治理与开发利用中进行统筹兼顾。因此,水资源的综合治理与开发利用需要大量的资金。目前,湖北省水资源综合治理的主要资金需求有:水资源在配置、勘察、监测、节约和保护等基础性工作的支出;行政事业费与人员工资;相关设备购买和维护支出以及其他支出。而水资源综合治理的主要资金来源于财政拨款和企业或个人缴纳的水资源费和水排污费收入。在庞大的支出责任下,这部分资金远不能满足水资源综合治理的需要。

其次,水资源的使用存在着不规范性,主要表现为以下四点:一是资金的用途范围不明确。一般来说,"水资源费"和"水排污费"应该作为专项资金专项使用。但湖北省通过这两项收费而获得资金未能在水资源综合治理的项目和地区间进行合理的划分,资金的用途不明确,资金的使用效率难以保证。二是资金的挪用现象依然存在。湖北省部分地区违规使用水资源综合治理专项资金的行为依然存在，极大地损害了湖北省对水资源、水环境和水生态治理的工作成效。三是水资源综合治理的项目建设过程中过多关注于初始建设，而忽视了后续的维护工作。以农村水利建设为例，各地政府投资建成水利设施后，无人进行后续的维修与护理工作，水利设施的损耗折旧过快，5~10年就失去了初始设计时的功效。四是资金缺乏必要的绩效考评。由于目前水资源的综合治理资金缺乏必要的绩效考评，资金使用的随意性、无序性较强，规范性、效益较差。政府部门较多关注水资源综合治理活动开展的多少，而忽视对水资源综合治理所带来的经济、社会和生态效益的考核与评价。

6.4.2 水资源管理体制僵化、监督缺位

水资源的管理一直以来是一大难题。其原因主要归结于水资源从经济学角度的"准公共商品"属性和自然资源角度的"流动性"特点。目前，世界上关于水资源的管理模式主要有两种：一是直接管理；二是间接管理，又称为委托管理。直接管理是指由县市的行政部门直接管理水资源，不利于大城市的水资源综合治理与开发利用。间接管理是指通过政府部门与私人部门合作，进行水资源的应用与管理，这种模式又分为租出经营和特许经营两种。租出经营是指由政府投资兴建水利的基础设施，委托企业进行经营管理和日常维护；特许经营是指企业自己兴建水利设施，并进行经营和日常维护活动，一般特许经营存在使用年限限制。

湖北省目前绝大部分的县市都采用间接管理的模式，但是这种管理模式的问题和弊端逐渐显现，主要表现为以下几点：一是政府水资源监管方面缺位，将供水质量监管责任抛给企业。企业在获得租用经营权或者特许经营权之后，难以保证供水质量，而政府为了完成经济发展的目

标，无视企业的非法排污。另外，由于治理水污染成本的高昂以及纯粹的支出性质，政府治理水污染的积极性也难以被调动起来。二是供水企业的利润与其供水量息息相关，不关注用水单位的用水效率，难以推动用水单位采取节水技术与节水措施。三是供水企业形成一定区域的自然垄断，获得高额的垄断利润。在没有竞争的情形下，供水企业忽视管道的日常维护，用水在输送环节的损耗非常大。四是间接管理模式缺乏必要的监督。一般来说，无论是企业租用经营权，还是获得特许经营权，政府都能够从供水企业获得一定的利润分成，政府与供水企业存在着较强的利益相关性。因此，政府对供水企业的监督较弱，其水资源综合治理的目标难以实现。

6.4.3 "水资源费"与"水排污费"的政策失灵

所谓"费"，是指政府对其提供的公共商品（包括劳务）索取的价格，也就是消费者（包括法人和自然人）消费公共商品所支付的价格。因此，收取"水资源费"与"水排污费"的主要目标应该是弥补政府提供水资源产品和治理水污染这两项公共商品的成本。但是，湖北省目前"水资源费"与"水排污费"存在着严重的政策失灵。一是"水资源费"与"水排污费"征收的金额较小，无法弥补政府提供水资源产品和治理水污染这两项公共商品所带来的成本。以水污染治理为例，治污成本主要包括直接材料损耗、动力损耗、职工工资、固定资产折旧和修理费用等，综合费用约为2元/吨，而目前水排污染费征收标准约为1.1元/吨。因此，湖北省大量的水资源综合治理与开发利用的资金还是主要依赖于财政的一般转移支出和专项转移支出，"水资源费"和"水排污费"收入的比重较低。二是"水资源费"与"水排污费"征收存在着较大的随意性和不规范性，这在一定程度上也是"费"的特征所决定的。湖北省的水资源费主要由水行政主管部门征收，其征收过程中的自主性较大，征管手段的落后，使得水资源的征收不具有规范性；较多的企业存在着搭便车现象，征收成本和社会成本较大，效率低下，未实现水资源的优化配置。

6.4.4 现行水价制度所带来的负外部性

价格制度是市场经济的核心制度，资源的优化配置也是通过不同商品之间的相对价格实现的。同样，水资源的优化配置就需要通过水价来实现。目前，湖北省的农业用水实行的是低水价甚至是免费用水，原因在于：一方面，体现了对农民这一弱势群体的照顾；另一方面，农业用水的水价收取成本较高。工业用水和城市居民用水的价格制度并不合理，用水价格仅仅弥补了城市供水的成本，价格中的水资源费和污水处理费并没有弥补水资源使用过程中产生的工业废水和城市污水等所带来的高昂社会成本。

这样的水价制度对湖北省的水资源综合治理乃至经济的可持续发展带来了不利影响。一是节约用水缺乏动力。湖北省农村地区大水漫灌、沟灌等粗放式的灌溉方式依然是最主要的农业灌溉模式，农业用水损耗巨大，很大程度上是由农村地区用水成本过低造成的。城市地区水价过低，企业和个人都未养成良好的用水习惯，用水不计成本，浪费严重。二是水污染日益严重。由于水价未完全反映排污的社会成本，企业和个人肆意挥霍水资源，同时带来了严重的水资源污染问题，导致湖北省中小河流及湖泊水质问题严重。

6.4.5 城乡居民节水、护水意识不强

节水意识的培养，虽然对于促进水资源节约与高效利用的作用不是决定性的，但在很大程度上有利于推动一个地区水资源使用效率的提

高，减少水资源的浪费。根据实地调查研究，我们发现湖北省城乡居民的节水和护水意识不强，尚未理清自身节水和护水行为对于提高湖北省水资源质量的重要性。虽然绝大部分的城乡居民都认为水资源对于日常的生产、生活活动具有重大影响，但是绝大部分居民并没有认识到湖北省水资源短缺的现状和人为因素对于水资源水质的影响，忽视了水价对于水资源配置的调节作用，对开展类似于"世界水日"的"爱水节水"宣传教育活动也是漠不关心。

6.5 国内水资源开发利用与综合治理的经验及启示

6.5.1 新安江水资源开发利用与综合治理的经验

新安江位于钱塘江水系干流上游段，干流长373公里，流域面积1.1万多平方公里。近几年，新安江上游地区的安徽省与下游地区的浙江省通过签订协议，建立"明确责任、各负其责，地方为主、中央监管、监测为据、以补促治"的跨行政区域生态补偿机制。该补偿机制是我国近年来朝市场化生态补偿迈进的重要一步，具有典型意义。新安江的水资源开发利用模式也给湖北省水资源治理带来丰富的经验和重要启示，主要有以下几点：

第一，以市场化协商谈判为基础的市场导向。安徽和浙江的省委、省政府都高度重视新安江流域的水资源开发利用与综合治理项目，作为新安江发源地的黄山市各级政府积极响应省委、省政府的号召，高度重视新安江流域的生态建设，最终的水价确定是双方协商谈判的产物，具有一定的市场化导向意义。

第二，以生态补偿为利益杠杆激励，注重综合开发。两省通过将新安江流域的水资源的开发利用与综合治理的实惠惠及全民,推动流域居民积极响应,主动加入生态保护、水环境保护和产业结构升级等工作中来。新安江生态补偿机制大大提高了安徽省对新安江上游地区的水资源保护的积极性,大力推动了新安江上游地区涵养水源、水环境综合整治、农业非点源污染治理、重点工业企业污染防治、农村污水垃圾治理、城镇污水处理设施建设、船舶污染治理、漂浮物清理等工作的开展。上游居民通过保护水资源改善了上游地区的水环境和水生态,也获得了丰厚的补偿资金,并用补偿资金支持发展当地的第三产业,极大地推动了上游地区的经济发展和居民收入的提高。同时,下游居民虽然支付了一定的补偿资金,但是获得了上游地区高水质的水资源,保证了下游地区的饮用水安全。

第三,充分发挥水环境保护与旅游发展耦合的关系。传统的经济发展模式下,经济的快速发展都是以环境的牺牲为代价。新安江流域通过充分发挥水环境保护与旅游发展耦合的关系,推动区域经济由第一、第二产业向第三产业转变,创造了新安江流域经济发展与生态环境建设同向发展的新模式。新安江流域文化底蕴深厚,旅游资源丰富,沿江有白沙大桥、朱池、落凤山、千岛湖、梅城、刘长卿别墅、双塔凌云、新安江水库等胜迹。近几年经过水环境的保护与水资源的综合治理,生态环境得到进一步改善,旅游产业已成为流域经济发展的主导产业。同时,旅游经济的发展,也为新安江流域水环境保护提供了雄厚的资金支持,实现了流域环境保护与经济的良性互动。

6.5.2 图们江水资源开发利用与综合治理的经验

图们江发源于长白山东南部,干流全长 525 公里,注入东面的日本海,目前是我国与朝鲜的界河,临近入海口的河段是朝鲜与俄罗斯的界河。作为中、俄、朝三国的交界位置,图们河的水资源开发与治理有较大的难度。特别是中国造纸、化工产业排放的有机物导致图们江水质受到严重污染，图们江流域居民的饮用水安全受到极大的威胁。但现阶段图们江水质得到了较大改善，图们江水资源开发与治理的成功经验对于其他流域水资源的开发利用与综合治理具有十分重要的借鉴意义。其成功经验主要有：

第一，通过两国政府间高层互访，实行互利双赢战略。首先，我国一直推动中朝两国之间的高层互访，达成图们江流域的水资源开发利用与综合治理的共识，以边界贸易发展带动图们江地区经济发展，促进图们江沿岸周边产业升级与转型，进而减少排放到图们江污染物的数量。这一协议的达成为图们江流域水资源开发利用与综合治理中问题的解决提供了有效途径。其次，我国积极推动图们江地区的边界贸易，帮助朝鲜钢铁、木材、矿产品和水产品出口中国，再将朝鲜国内稀缺的原油、机电产品和生活用品从中国进口回去。以此促进图们江沿岸周边产业升级与转型，进而减少排放到图们江污染物的数量，使中国在图们江水资源开发利用与综合治理的过程中获得主动权。

第二，以经济利益驱动为导向，增进环境效益。朝鲜半岛政治局势的不稳定性对图们江流域的经济开发与经济合作带来了较大的负面影响。为此我国政府极力推动图们江流域的招商引资工作，以税收、行政审批、重点行业扶持等手段为导向，大力推动图们江流域基础设施建设。在重大的利益驱动下，图们江流域一时兴起了较多的企业，原先的污染企业也大多转向了经济效益更好的贸易、服务等行业，迅速推动了图们江地区的产业升级，提高了当地居民收入，也减少了图们江流域污染企业的数量，进而减少了图们江流域污染物的排入数量，改善了图们江水质。

第三，充分发挥图们江流域的区位优势，发展贸易经济。图们江流域虽然位于中、俄、朝三国的交界位置，其跨行政区域的特性给图们江的水资源开发利用与综合治理带来了较大的难度，但也是图们江流域发展贸易经济的优势区位条件。2012年4月,中国政府正式批复了设立"中国图们江区域(珲春)国际合作示范区",为图们江流域的贸易经济发展提供了税收等政策的优惠。这一政策措施的实施极大地推动了图们江区域贸易经济和实体经济的发展,改善了当地经济发展落后的局面,减少了图们江流域毁林开荒等破坏环境行为,在很大的程度上促进了图们江流域水生态和水环境的改善,提高了图们江的水质。

6.5.3 国内外水资源治理的成功经验及启示

(1)充分发挥政府在水资源开发利用与综合治理中的主导作用。流域的水资源具有很强的"准公共商品"和混合产权属性,尤其是跨行政区域的流域水资源,其混合产权属性更加突出,因此,发挥政府在水资源开发利用与综合治理中的主导作用尤为重要。无论是跨安徽、浙江两省的新安江还是中朝俄边界的图们江在水资源的开发利用和综合治理过程中都高度重视政府所发挥的主导作用。首先,发挥政府的主导作用可以充分调动人力、物力和财力,为水资源的开发利用与综合治理提供物质支持。其次,发挥政府的主导作用是实现地区间水资源开发利用与综合治理双赢局面的政治保障。最后,跨流域水资源"准公共商品"和混合产权属性与完全市场私营化经营模式的不匹配,要求政府发挥其在水资源开发利用与综合治理中的主导作用。

第一,以地方政府管理为主,或辅之以中央政府协调。发达国家在水资源开发利用与综合治理方面,都强调地方政府的管理作用,将地方政府的水资源福利和地方政府的水资源开发与治理效果相结合,发挥地方政府在水资源开发与治理方面的主动性和积极性。英、法、美、澳在水资源管理模式方面都设立了地方管理机构,发挥地方政府在水资源开发利用与综合治理方面的主体作用,对所辖区域供水、排水、污水处理等进行管理。此外,以英国、法国等为代表的部分发达国家,在水资源管理模式上还建立了中央层面上的管理机制，对地方政府在水资源管理过程中产生的分歧和矛盾进行协调。另外，一些发达国家，如美国，虽然在中央层面上没有建立一个统一的水资源管理机构，但可以通过联邦政府的司法程序来解决水资源开发利用过程中产生的矛盾。

第二，充分利用财税政策的调节作用，或产权制度的排他作用。财税制度安排体现着政府与市场、政府与社会、中央与地方等诸多方面的基本关系，大多数发达国家在水资源开发利用与综合治理方面都开征了水资源费（税）或水排污费（税）。通过财税政策来引导企业和个人合理的水资源开发与合理的排污行为，进而实现水资源开发利用与水资源综合治理的高效运作。澳大利亚通过产权制度建立，实现了水资源市场的排他性，将水资源量、水质与企业和个人福利高度联系起来，提高个人和市场在水资源开发利用与综合治理中的主动性、积极性和创造性。

（2）以社会利益为基础，兼顾经济利益。在注重流域社会利益的同时兼顾流域群众的经济利益为导向的方式来进行水资源的开发利用与综合治理，可以激发流域居民对保护水生态环境的积极性、主动性和创造性。新安江流域居民保护水资源环境和生态与当地旅游经济的发展息息相关；图们江流域居民促进产业升级、转变经济发展模式，间接地实现了保护水资源环境与生态的目的，与促进图们江流域贸易经济的发展目标相契合。因此，这两个流域当地的居民都在经济利益的驱动下，直接或间接地实现了对于当地水资源的保护，推动了流域水资源的高效开发利用与综合治理。

（3）水资源开发利用与当地自然优势相结合。无论是新安江流域，还是图们江流域在水资源开发利用与综合治理上的成功，都是充分地发挥了当地所具有的资源优势或是区位优势，将资源优势或是区位优势转换为经济优势，实现水环境和水生态保护的政策激励目标。

新安江流域充分将当地的丰富自然资源与历史文化遗产转换为丰富

的旅游资源，极大地促进了新安江流域居民对当地水环境和水生态保护的积极性，也使得流域居民在水环境和水生态保护的过程中收入水平与福利不断提高。而图们江流域充分发挥其位于中、朝、俄三国边界的优势区位，发展边界贸易，促使图们江流域产业迅速升级，经济发展模式转变，减少了图们江流域的植被破坏和排入图们江污染物的数量，极大地促进了图们江水质的改善，为图们江流域水资源开发利用和综合治理的长期性奠定了基石。

6.6 湖北省水资源开发利用：目标、原则与政策建议

6.6.1 主要目标

（1）保障居民基本饮用水安全及工农业用水需要。饮用水不仅包括居民日常生活中所摄取的饮水，还包括日常个人卫生用水，如洗澡用水、漱口用水等。饮用水安全直接危害到居民的健康生活，是各种用水安全中最为核心的用水项目。因此，对于饮用水安全的保障不仅是一项民生问题，还是我国经济稳定、长治久安的重要基石。

一般来说，饮用水安全性问题主要表现为两点：一是具有充足水量的水源地；二是水质较优。湖北省水资源量较为丰富，目前各个地级市都能够满足居民最为基本的饮用水需求，饮用水安全问题主要表现在水质问题上。在湖北的广大农村地区以及乡镇地区，生活用水主要通过打井的方式开采地下水，并且没有经过必要的处理而直接饮用或使用。根据有关卫生部门的调查取样发现，井水中一般存在着锰、铁、浑浊度、臭和味、色度、PH、铅、镉、氨氮、细菌总数、大肠菌群超标等问题，长期饮用存在着巨大的安全隐患。城市地区基本上使用自来水公司的供

水，但是随着近几年水源地的污染、消毒剂的副作用以及市政管网陈旧所带来的二次污染，城市居民生活基本饮用水安全也面临着较大的威胁。保障居民基本饮用水安全已成为湖北省未来水资源综合治理与开发利用的主要目标之一。

（2）改善水环境与水生态，实现人水和谐。正确处理好人与水资源的关系是人民群众最关心、最直接、最现实的问题，它关乎人民群众的饮水安全、用水单位的用水安全和经济可持续发展所需要的良好的水生态环境。处理好人与水资源的关系，关键在于建立一个人、水和谐的水资源开发利用模式。第一，我们必须处理好水资源开发利用与保护之间的关系，牢牢把握住以水定需和量水而行的原则。第二，要处理好水资源开发利用与经济发展之间的关系。经济的发展要以当地水资源承载力为发展限度，避免过度和盲目的项目上马，造成缺水、水质变差等水资源问题。要提高人们保护水资源的意识，从身边的小事做起，节约用水，不做损害水环境和水生态的事。我们要关注子孙后代的用水安全和用水权益。我们当代人不能只为了自身利益，而忘记了子孙后代的福祉，当代人要承担为后代人保护水资源的责任和义务。

改善水环境和水生态，对于湖北省未来经济、社会的可持续发展至关重要。只有良好的水环境和水生态才能为湖北省未来经济、社会的发展提供源源不断的清洁水资源。随着湖北省人均收入的不断提高，城乡居民对于所生活的自然环境质量的要求也越来越高，而改善水环境与水生态是改善自然环境的重要组成部分。从这点来说，改善水环境与水生态同改善我们所生活的自然环境是一致的，有利于提高人民群众的福祉。目前湖北省的水环境与水生态不容乐观。部分地区工业排废严重，城市居民日常生活污水管道建设滞后，水土流失严重，物种灭绝等现象亦有发生。所以，改善水环境与水生态在河北省水资源开发利用中尤为重要。

（3）保证"南水北调"中线工程的输水安全。"南水北调"中线工程从湖北省的丹江口水库引水，将水资源输送到北京、天津等地，主要的受益省份为北京、天津、河南和河北四省市。"南水北调"中线工程是我国水资源综合开发与经济社会发展的重大战略工程，对于解决北京、天津、河南和河北四省市的水资源短缺问题具有重大意义。保证湖北省"南水北调"中线工程的输水安全有利于提高受益四省市的水资源安全，缓解水资源短缺的局面，维护受益四省市的正常生产、生活活动。湖北省保证"南水北调"中线工程的输水安全就是维护国家水资源综合利用的大局，也是有利于国计民生的重大战略任务。

6.6.2 主要原则

根据调研情况并结合国内外成功水资源管理模式的分析，湖北水资源开发利用要实现上述目标，需要把握以下主要原则：

(1) 统筹兼顾。水资源由于其自身的"流动性"和"准公共商品属性"决定了水资源的开发利用必须要实施统筹兼顾的原则。第一，协调好生活用水、生产用水和生态用水的关系，合理地将水资源在生活、生产和生态保护这三者之间的进行分配。第二，要兼顾好上下游之间的用水关系。一般来说，上游地区的水资源开采与使用对下游地区会产生巨大的外部性影响。上游地区如果选择保护上游地区的水资源，那么下游地区就获得了上游地区保护水资源所带来的福利。上游地区如果选择污染水资源，那么下游地区水资源的开发利用成本就会提高。因此，必须通过建立完善的生态补偿体制，来统筹上下游之间的用水关系。第三，要统筹完善河流左右岸、干支流以及地表水和地下水之间的关系。

(2) 市场调节与政府主导相结合。市场是调节资源配置的重要手段，但是市场也存在着失灵的现象。水资源市场配置的外部性特征，决定了水资源的管理需要政府的干预。首先，水资源的优化配置要发挥市场的调节作用。通过完善水资源产权制度，进而建立水资源市场，使水资源的供需双方可以通过水资源价格机制高效开发和利用水资源。其次，政府要确定其在水资源配置中的主导地位，落实政府在水资源管理过程的主体性，进一步完善水资源在配置和管理中的行政首长负责制。只有政府参与水资源的配置才能有效地矫正水资源市场配置过程中的外部性，解决水资源配置的低效率，进而实现水资源在各用水单位、河流上下游、左右岸以及干支流之间的合理流动。

(3) 提高水资源的使用效率。效率就是以最小的投入换取最大的产出。水资源的利用效率就是指在水资源既定情况下，以最低的水资源使用成本来获得最大的收益，给社会提供尽可能多的效用和福利。现阶段，湖北省在水资源的综合治理和开发利用过程中应该高度重视水资源的使用效率。具体来说，就是要降低三大产业的万元产值用水量和提高三大用水的有效供水率。根据《通知》的相关精神，给湖北省制定了一系列水资源开发利用的相关指标，到2020年，用水总量控制在365.91亿立方米，水质达标率为85%；到2030年，上述指标分别控制在368.91亿立方米和95%以内。从控制目标来看，按照目前的用水量增长速度和人口增长速度，湖北省用水总量的控制目标能够得到较好地实现。但是，工业万元产值用水量、农业用水有效供水率和水质达标率这三大控制目标的实现将成为湖北省未来15年水资源开发利用的难点和重点，任务十分艰巨。

(4) 因地制宜，分类管理。因地制宜，就是指湖北省在进行水资源管理的过程中要具体问题具体分析。我省目前各地区之间水资源开发利用的自然与经济社会条件有很大的不同，我们在进行水资源的开发利用过程中要综合考虑各地区之间的人均水资源量、人均GDP、宗教文化以及民族风情等诸多方面的差异。各地区应该分类管理，注重水资源开发利用与管理政策的可行性和有效性，进而提高湖北省水资源的管理效率与管理水平。

6.6.3 促进湖北省水资源合理开发利用的政策建议

（1）进一步落实完善最严格的水资源管理制度。湖北省目前已建立较为完善的水资源管理考核制度，主要通过用水总量、万元工业增加值用水量、农田灌溉水有效利用系数和重要江河水功能区水质达标率4项指标来考核水资源管理的绩效。水资源绩效考核制度的建立对于湖北省进一步落实最为严格的水资源管理制度具有基础性作用。

首先，各主管部门要明确各自的管理范围。根据不同的水资源用途，制定一个具有差异性的综合治理与分类管理办法。如图6.2所示，由水利、环保部门在总体上把握水资源的用水总量，重点工作在于掌控全局以及保证重要江河湖泊等水功能区水质，对各个分管部门进行绩效考核，进行总量控制；农业用水有农业主管部门管理，重点工作在于通过农业技术进步和农田水利的建设，推动节水农业发展，降低农业用水的万元产值用水量和提高农田灌溉水有效利用系数；工业主管部门重点治理当地的工业用水，将提高万元工业增加值用水量和降低工业废水排放量作为工作重心；城市物价部门对居民生活用水进行合理定价，实施阶梯定价。充分利用价格杠杆，合理分配城市用水，规范城市居民用水。

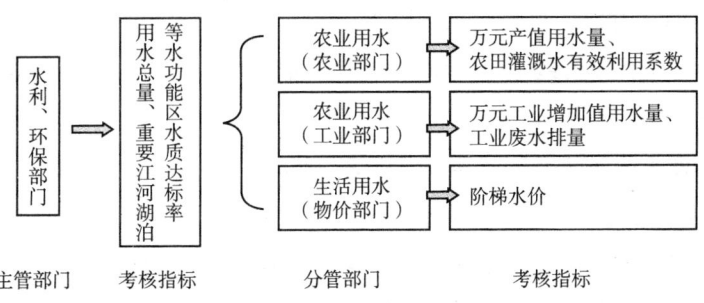

图6.2 各部门水资源管理权限划分和考核指标

其次，建立明确的奖惩机制。对于水资源管理效果较好的企业、团体和部门给予奖励；同时对于管理效果较差，或是水资源考核指标恶化的企业、团体和部门给予惩罚。通过奖惩机制的建立，促进各企业、团体和部门对水资源综合治理与管理的自主性、创造性和积极性。

最后，建立良好的监管体系。通过建立完善的水资源监管法律法规及监管部门，让人民群众参与到水资源综合治理的活动中来，更好地落实最严格的水资源管理制度。

（2）进一步加强湖北省水资源费与水排污费的征管工作。通过调查走访，笔者发现湖北省部分地区"水资源费"和"水排污费"的征收存在着较大的随意性和不合规性，导致大量的税费资金浪费。因此，进一步加强湖北省水资源费和水排污费的征管工作是目前湖北省在"水资源税"和"水排污税"政策尚未实施的情况下，必须高度重视的问题。

第一，严格执行收支两条线的管理办法。"水资源费"和"水排污费"征管部门应该按照相关法律法规合理征收"两费"，并及时上缴财政，统一管理。通过对"两费"收入的考核、管理和审计等办法督促征管部分，进而实现"水资源费"和"水排污费"的低成本征收和高效率支出，避免有些单位出现乱收费现象，以及私设小金库等腐败行为的发生，避免财政性资金管理上的混乱。

第二，规范"两费"的税收优惠。目前，"水资源费"和"水排污费"政策上过多的税收优惠产生了"两费"在征管上巨大的随意性。对于一些政策优惠红线上的"两费"，征管部门大多本着多一事不如少一事的态度，不予征收，造成了财政收入巨大的流失。另外，过多的税收优惠政策，使企业大肆进行"寻租"活动，不利于企业长期的合理发展。

（3）探索建立水权交易市场，完善水资源配置体系。建立水权制度与完善水资源市场是紧密相关的。建立具有排他性的水权制度是水资源市场得到完善的前提与基础，同时，水资源市场的完善是水权的让渡与交易的必要机制。目前，湖北省水资源在综合治理和开发利用的过程面临着诸多问题，但水资源尚未达到用尽和枯竭的边缘，水权制度的建立和水资源市场的完善对于湖北省水资源开发利用具有重要的现实和历史意义。

一般来说，水权应该是一个权利束，包括水资源的所有权、使用权、配水量权、让渡权、交易权等。水权的排他性不是指所有权、使用权的排他，而是指配水量权的排他。换句话说，就是水资源的所有权应该归于国家，即全体公民共同所有，个人和单位享有水资源的使用权。同时一人用水资源进行灌溉农田，并不排斥他人使用水资源进行航运或是饮用的权利。但是，水资源的配水量权应该是具有排他性的。河流上下游、左右岸以及干支流之间的水资源是应该进行合理配置的，例如，1987年国务院批准的《黄河可供水量分配方案》是黄河全流域首次对各省区配水量权的界定，这就是水资源配水量权的重大应用，可以避免水资源的独占和独享，有效地提高稀缺性水资源的利用效率。湖泊等其他水体亦然。同时，水资源的配水量权是可以进行转让和再交易的。通过配水量权的交易可以督促水资源向更高边际收益的用水方流动，激励居民的爱水和节水意识，进而促进全社会养成"爱水节水"的优良习惯。

进一步完善水资源相关法规和水价形成机制是湖北省水资源市场建设的重点。一方面，应该进一步完善水资源相关法规，通过法律的权威性、强制性和严谨性等来矫正湖北省水资源市场的松散性和价格的随意性，将湖北省水资源市场的建设过程中形成的广泛实践经验和启示通过立法的形式上升为集体意识，提高管理水平和社会监督，使水资源市场实现"有法可依"的管理模式，社会群众也可以通过法律途径反映水资源市场存在的缺陷和执法不严等现象。

另一方面，要不断完善湖北省的水价形成机制，即改进湖北省一级水资源市场和三级水资源市场的水资源定价问题。一级市场也就是水资源的要素市场，在湖北省目前所采用的水资源许可证制度下，没有很好地反映水资源国家所有权的价值，收费过低，没有弥补国家在水资源综合治理过程中发生的成本，需要进一步提高水资源费或税在水资源取水许可证发放费用中的比重。同时，作为水资源消费市场的三级市场，目前水价仅由水费、水资源费和水排污费构成，其中，水资源费和水排污费在水价中的比重过低，直接造成了水价偏离水资源自身价值的现象。以水资源费为例，目前湖北省武汉市的城市到户水价中水资源费和水费总计1.53元/吨，既没有形成对水资源开发利用对水资源生态补偿费用的弥补，也没有达到调节居民合理用水的目的，水资源的配置效率不具有合理性。因此，湖北省的水资源消费市场要完善水价构成，将地下管道接管费、家庭排污附加费、废水检测费和取水许可费等也纳入水价中去，并且提高水资源费（或税）和水排污费（或税）在水价中的构成比重。

（4）开展"爱水节水"宣传教育。教育是提高公民素质的重要手段。开展"爱水节水"宣传教育活动能够在很大的程度上提高人们爱护水资源、节约水资源的意识，培养湖北省居民"爱水节水"的日常用水习惯，提高水资源在湖北省的开发利用效率。首先，要加大水权制度和水资源价值的宣传力度，使"爱水节水"的宣传教育活动深入企业生产和居民生活中去，进一步提高湖北省企业和居民对于水资源稀缺性、"爱水节水"重要性等方面的认识，使居民有意识地付诸行动以节约、保护水资源。其次，可建立以"水资源利用效率"为标准的奖惩制度。对于"爱水节水"效果明显的单位和个人给予奖励，对回收利用废污水的企业给予税收优惠。而对于恶意浪费水资源的单位和个人给予较重的惩罚，罚款采用最高额；在实践中总结经验，提高水资源效率。

第7章 我国水资源费税改革构想

7.1 引　　言

　　水资源税,是国家凭借其特殊身份,根据相应的法律规定,对水资源的开采和使用者强制征收,取得财政收入的一种形式。我国人均水资源占有量不足、水资源的空间和时间分布不均、水资源污染严重,水资源缺乏同社会经济发展对水资源日益旺盛的需求的矛盾将长期存在。这一矛盾的形成,既有自然条件和人口方面的因素,也有公民节水意识淡薄的因素,更与长期以来我国在水资源利用和保护上缺乏科学规划、政策缺失等制度因素密不可分。

　　水资源的缺乏和水污染是世界各国普遍遇到的环境问题。欧洲各国较早就开始重视对水资源的利用和保护,通过水资源税实现对取用水行为的经济调节。欧洲是世界上较早开始系统对水资源进行立法保护并征收水资源税(费)的地区,水资源税(费)在这些发达国家和地区早已普遍征收,结合水排污税,成为这些国家实现水资源生态补偿税制重要组成。本书对欧洲的俄罗斯、荷兰和德国等国的水资源税(费)实践和经验进行了简要介绍,在此基础上,结合我国水资源收费制度的现状,对我国水资源税费改革提出了建议。

7.2 征收水资源税的理论依据

7.2.1 公共品外部性理论

水资源是典型的公共品,具有公共品非竞争性和非排他性特征。水资源的非排他性主要是因为其无论作为生产要素投入还是环境要素,排除他人消费的成本过高。水资源的非竞争性主要表现为其作为环境要素的属性特征,而作为生产的投入要素,水资源在一定条件下又显示出其竞争性的特征,尤其在水资源缺乏的情况下(如旱季农业用水对水资源的消耗),水资源的竞争性特征日益显现,因此,某些情况下水资源又具有私人品的属性。作为公共品,水资源的外部性很早就被西方福利经济学家研究。庇古(Pigou)用现代经济学方法系统地研究了外部性问题,在马歇尔(Marshall)基础上发展了外部不经济概念,并提出通过政府手段(庇古税或补贴)来实现外部效应内部化。水资源在开发利用中如果不加以妥善保护和有效治理,很容易产生水环境的污染,从而带来负外部性,导致社会福利损失,对这部分取用水资源的企业和个人征收水资源税可以补偿其取用水行为导致的社会福利损失。

7.2.2 水资源生态价值论

生态价值主要是指自然生态系统与社会经济系统进行物质与能量循环过程中,再生产生态环境能够满足人和社会需要的功能和能力所需要的一般社会劳动[1]。传统经济学认为,生态环境作为静态生产对象,并

---

[1] 杨卫,杨继. 生产力运行中的生态价值问题探析[J]. 马克思主义与现实, 2003 (3): 13-25.

没有直接参与生产过程，因而就不具有价值，而生态价值理论认为，劳动与生产要素相结合就会产生价值。在水资源勘探、开采、保护、更新等活动中，凝结了大量一般人类劳动，生态资源自然具有价值。国内学者严曾[①]、何孰煌、李万古[②③]从生态理论上对水资源的生态价值进行了理论探讨；程金香[④]、何锦峰和陈国阶[⑤]、姜文[⑥]则从水资源生态价值测量方法、实现形式等方面作了实证研究。这些学者的相关研究为我国实现水资源生态价值补偿提供了参考。

7.2.3 现代产权理论

现代产权理论以科斯（Coase）、威廉姆森（Williamson）等为代表。现代产权理论认为，外部性的产生是因为私人成本与社会成本不相同导致的，社会成本大于私人成本，从而导致社会福利损失。通过清晰地界定产权，减少市场运行中的交易费用，就能实现资源的优化配置。水资源作为一种公共品，同清洁空气一样天然具有流动性、运用广泛的特征，准确地界定其产权非常困难，即使在西方国家，水资源也是作为一种大众公共品被政府所有，并加以利用和保护。我国《宪法》第九条明确规定"矿藏、水流、森林、山岭、草原、荒地、滩涂等自然资源，都属于国家所有，即全民所有"，这一条文虽然从产权上明确了水资源的所有权归于国家所有，但并没有排斥个人和单位对水权的其他权利——开发使用权、经营权以及与水有关的其他权益的独占性。近年来，围绕

---

① 严曾. 生态价值浅析 [J]. 生态经济, 2001 (10): 24-27.
② 何孰煌. 谈生态价值及其相关问题 [J]. 发展研究, 2001 (4): 29-34.
③ 李万古. 关于生态价值论的思考 [J]. 齐鲁学刊, 1994 (5): 112-114.
④ 程金香, 刘玉龙, 林积泉. 水资源生态价值初论 [J]. 石家庄经济学院学报, 2004 (1): 24-27.
⑤ 何锦峰, 陈国阶, 苏春江. 水资源持续利用的价值评价与配置问题 [J]. 重庆环境科学, 2006 (3): 14-17.
⑥ 姜文来. 水资源价值模型研究 [J]. 资源科学, 1998 (1): 35-43.

水权和其边界的理论探讨越来越多,在区域水资源生态补偿实践中,水权的交易个案也日渐增多,如浙江金东县水权补偿(2004年)、浙江义乌—东阳水权交易(2005年)以及山东济南2012年开始的水票试点等。清晰界定水权的边界,通过市场化途径已经成为实现水资源生态补偿的重要途径①。

7.2.4 地租理论

同其他资源品一样,水资源的开发利用会产生价值,国家作为水资源的所有者向水资源的利用者征收水资源税(费)是其水资源的所有权在经济上的实现方式。根据马克思主义地租理论,土地根据地理位置、肥沃程度以及同一地块连续投资而产生的劳动生产率的差异,会形成级差地租Ⅰ和级差地租Ⅱ。水资源作为自然资源的一种,受各地气候、人口、环境等条件的影响,其自然禀赋差异较大,导致水资源经济地租的不同。我国《水资源费征收使用管理办法》(以下简称《办法》)对水资源的征收标准没有作统一规定,《办法》第8条规定,水资源费征收标准,由各省、自治区、直辖市价格主管部门会同同级财政部门、水行政主管部门制定,报本级人民政府批准,并报国家发展改革委、财政部和水利部备案。这体现了各地的水资源的丰裕度和水质差异度产生的经济地租差异。

7.3 我国水资源收费制度现状与不足

7.3.1 我国有关水资源费的法律体系

一是在法律层次上有关水资源保护的法律,有《环境保护法》《水

---

① 肖加元. 资源税改革理论逻辑与发展路径[J]. 中南财经政法大学学报,2011(5):74-79.

法》《水污染防治法》《水土保持法》《防洪法》等几部主要法律，它们共同组成了我国对水资源利用和保护的法律框架。我国现行《水法》于2002年8月29日修订通过，自2002年10月1日起实行，共分为八章。第一章总则中明确了本法制定的目的是为了合理开发、利用、节约和保护水资源，防治水害，实现水资源的可持续利用，适应国民经济和社会发展的需要。同时也指出了我国水资源包括地表水和地下水。第三章水资源开发和利用，要求开发和利用水资源应首先满足城乡居民生活用水，并兼顾农业、工业、生态环境用水以及航运等需要。第四和第五章则明确指出了要保护和节约水资源，单位和个人都有保护水资源的义务。

《水污染防治法》于1984年5月11日通过，1996年5月15日在第八届全国人民代表大会常务委员会第19次会议上进行了修正，2008年2月28日进一步修订了本法。第一章总则中明确了本法制定的目的是为了防治水污染，保护和改善环境，保障饮用水安全，促进经济社会全面协调可持续发展；第二章和第三章提出了水污染防治的规划和监督管理要求；第四章则明确了工业水污染防治、城镇水污染防治、农业和农村水污染防治以及船舶水污染防治的相应措施；第五章提出了饮用水水源和其他特殊水体保护的相关要求。

《防洪法》于1997年8月29日第八届全国人民代表大会常务委员会第27次会议通过，2009年8月27日进行了修订。第一章总则中指出了本法制定的目的是为了防治洪水，防御和减轻洪涝灾害，维护人民的生命和财产安全，保障社会主义现代化建设顺利进行；第二至第六章则分别明确了防洪的规划、治理与防护、管理及其他保障措施。因此，在法律层次上，这些法律对我国的水资源保护问题基本作出了全面的规定。

二是有关水资源利用保护的行政法规。在行政法规层次上，有《河道管理条例》《水污染防治法实施细则》《取水许可和水资源费征收管理条例》等。《河道管理条例》于 1988 年 6 月 3 日国务院第 7 次常务会议通过，1988 年 6 月 10 日起施行。第一章总则中明确了本条例制定的目的是为了加强河道管理，保障防洪安全，发挥江河湖泊的综合效益，依据《水法》而制定。《河道管理条例》在河道整治与建设、河道保护、河道清障以及经费方面作出了规定。《水污染防治法实施细则》于 2000 年 3 月 20 日公布施行，依据《水污染防治法》而制定，在水污染防治的监督管理，防止地表水污染和防止地下水污染方面作出了规定和要求。《取水许可和水资源费征收管理条例》于 2006 年 1 月 24 日国务院第 123 次常务会议通过，自 2006 年 4 月 15 日起施行。综上可以看出，这些单项法规可以有效地对某一领域的问题作出专门而详细的规定。

三是有关水资源利用保护的地方性法规。目前，我国各省、直辖市和自治区先后出台了很多地方性法规，对区域范围内水资源治理进行规范，代表性的地方性法规有《江西省水资源条例》《浙江省钱塘江管理条例》《湖北省汉江流域水污染防治条例》《湖北省湖泊保护条例》等。《湖北省汉江流域水污染防治条例》于 1999 年 11 月 27 日通过，自 2000 年 5 月 1 日起施行，主要是为了防治汉江流域水污染，保护和改善汉江流域的水环境，保障人体健康和生活、生产用水，促进经济和社会可持续发展。本条例对湖北省境内汉江流域的湖泊、河流、水库等地表水污染的监督管理以及防治方面作出了相应规定。《湖北省湖泊保护条例》于 2012 年 5 月 30 日通过，自 2012 年 10 月 1 日起施行，主要为了加强湖泊保护，防止湖泊面积减少和水质污染，保障湖泊功能，保护和改善湖泊生态环境，促进经济社会可持续发展。本条例在湖北省行政区域内的湖泊水资源保护和水污染防治方面作出了相应规定，明确了政府部门的职责。总的来说，这些地方性法规的制定能够在一定程度上有效地解决地方层次上一些重大的水环境问题。

在行政规章层次上，还有《水土保持生态环境监测网络管理办法》《开发建设项目水土保持设施验收管理办法》《取水许可管理办法》等法律法规。此外，还有一些地方政府的行政规章以及其他政策性文件，如《湖北省水资源费征收管理办法》等。这些行政规章是对法律法规的有效补充，可以更详细地解决有关水资源保护的问题。

综上所述，可以看出，目前我国已经基本形成从法律法规到地方行政规章的自上而下的有关水资源的法律体系。

7.3.2 我国水资源收费制的建立与发展

我国目前对水资源开采利用实行取水许可和缴纳水资源费制度，暂未对水资源取用征收专门的水资源税。征收水资源费的法律依据是《中华人民共和国环境保护法》《中华人民共和国水法》《中华人民共和国水污染防治法》等几部法律文件，这些法律文件对水资源费的管理体制、水资源费的征收和使用等都作出了原则性规定，目的是更好地实现水资源的开放和保护。

为有效保护利用水资源，我国先后出台了一系列法规文件，对境内水资源的取用进行规定。1979年上海市首先出台征收水资源费的地方性规范，但全国还没有统一征收。1988年《水法》将水资源费纳入法律框架之中。1988年经国务院批准，建设部发布了《城市节约用水管理规定》。该《规定》共24条，并于1989年1月1日起施行。该规定对城市规范区域内的用水管理、城市节水工作的主管部门、工业用水、城市居民用水和水费征收等进行了规定，是我国较早对水资源利用保护的文件。1993年6月国务院第五次常务会议通过了《取水许可制度实施办法》，并于同年9月开始实施。《取水许可制度实施办法》规定了取水许可证的申请范围、审批部门和流程、申报资料等具体内容都作了明确规定，但并没有明确对水资源的收费办法。2008年，根据《中华人民共和国水法》《取水许可和水资源费征收管理条例》（国务院令第460号）的规定，财政部、发展改革委和水利部又联合制定了《水资源费征收使用管理办法》（2008，以下简称《办法》），《办法》对水资源的征收、缴库、使用管理以及违规处理作了明确规定。该《办法》于2009年正式执行，是目前我国征收水资源费的指导性文件。到目前为止，我国已经建立了以《水法》和《环境保护法》为基础，以《取水许可和水资源费征收管理条例》和《水资源费征收使用管理办法》为具体指导的较为完备的水资源费政策法规体系。

7.4 我国水资源费征收制度的缺陷和不足

我国目前对水资源开采利用实行取水许可和缴纳水资源费制度，暂未对水资源开征专门的水资源税。征收水资源费的法律依据是《中华人民共和国环境保护法》《中华人民共和国水法》《中华人民共和国水污染防治法》等。我国水资源收费制度实施以来，在保护水资源、治理水环境方面发挥了重要作用，但也存在诸多不足。

7.4.1 财政预算约束乏力，政策执行力不强

收费具有对等性和有偿性特征，税收则强调无偿性和强制性。在立法层次、执行力度方面，税明显高于费，政策效果更强。俄、荷、德三国都采用水资源税的形式明确水资源取用者的纳税义务，法律层次上更高，也具有更强的执行力。从我国近年水资源收费制度的执行情况看，收费弹性大、用水企业和监管部门议价空间大、政策执行力度不强。人情因素、行政裁量权的存在，缺乏对违法行为的强制性执行等因素叠

加，导致目前用水企业节水意识淡薄，水资源问题日益突出，推动水资源费改税刻不容缓。

7.4.2 水资源管理体制混乱，职责不清

现有的水资源使用大户基本都是排水大户，水资源费的征收、管理、监督分属水行政、财政和价格部门，水排污费的征收则由环保部门负责，不同部门在水资源的使用和排污方面缺乏有效协调配合，不仅不能形成监管合力，甚至存在互相制约的现象，不利于水资源的保护。

7.4.3 征收标准存在缺陷，无法有效保护水资源

一是分类标准不规范。现行制度将水资源分为地表和地下水资源，再根据不同用途进行分类征收。一般而言，地下水资源以及河流上游清洁水资源的价值更高，但现有水资源费征收标准并未能充分反映地表和地下水资源与河流上游水资源的不同资源价值。例如，湖北省，取用地表水的其他用途水资源费征收标准是 0.2 元/立方米，而取用地下水的生活用水水资源费的征收标准仅为 0.1 元/立方米。二是征收标准过低，无法有效体现水资源的稀缺性。三是水资源状况和经济发展相近地区的征收标准差异过大。根据"十二五"末各地区水资源费最低征收标准，各地水资源费差异巨大，北京和天津的地表水资源费的征收标准是上海等地的 16 倍之多。水资源条件和区域差异较大地区征收标准又比较接近，如水资源缺乏的青海、西藏和水资源丰富的湖北等地的地上水资源费最低征收标准均为 0.1 元/立方米，未能体现水资源分布的地区差异。四是累进征收制度未普遍落实，无法有效保护水资源。

7.4.4 税制建设滞后，同可持续发展要求不适应

目前，我国对水资源费的征收管理主要以《取水许可和水资源费征收管理条例》和《水资源费征收使用管理办法》为依据，还没有同俄、荷、德三国一样建立成熟的水资源税制体系，法律约束力不足。

7.5 我国水资源费改税基本构想

我国水资源创建至今已经走过了30多年历史，在收集水利建设资金、促进全社会"节水爱水"等方面发挥了重要的作用，但随着社会经济发展与水资源利用保护现状之间的矛盾越来越突出，改革现有的水资源收费制度，建立规范的水资源税制体系已经显得尤为迫切。通观欧洲各国的水资源税收实践，他们在水资源税制建设、标准设立、征收管理等方面都建立了许多完善的法律法规体系，值得我国推动水资源费税改革中吸收借鉴。

7.5.1 纳税人

水资源的纳税人应该界定为"在我国境内从事水资源取用的单位和个人。"无论居民用水还是单位用水，凡在我国境内取水用水都须缴纳水资源税，体现"普遍征收"原则。当然，对于居民用水，在税率设计上应该考虑生活成本，实行较低税率，以确保公平。

7.5.2 征税对象

借鉴俄、荷、德三国的水资源税实践经验并结合我国水资源费征收

情况，我国水资源税征收对象可以设定为"开采或消费的水资源（包括地表水和地下水）"。城市居民从自来水公司购买的生活用水也应该缴纳水资源税。我国现有资源税仅对煤炭、石油、天然气和铁矿石等少数资源征税，对水资源征税实际上是扩大了资源税的征收范围，是资源税制改革的重要内容。

7.5.3 计税依据

水资源税的征收应以取用水的数量为依据，单位是立方米。水利部门应监测督促用水单位安装专门的水资源流量计量设备。城镇居民的家庭水表计量数据可以直接作为居民用水的计税依据，水资源税则由自来水公司代征。

7.5.4 税率

总体而言，水资源税的税率应该在现有水资源费的基础上逐步提高，以充分反映水资源的稀缺性。在税率设计上，应该考虑不同区域水资源的稀缺程度、水质的高低、不同行业和产业的取水差别并结合各地的实际进行科学设计。与此同时，水资源税税率应具有一定的累进性，通过累进制的税率设计引导人们节约利用水资源。

7.5.5 征收管理和税收优惠

水资源税的征收管理应该逐步规范统一。可以考虑由现有的水行政主管部门代征，水行政主管部门征收水资源费多年，积累了一定的征收管理经验，由其代征有利于节约征收成本，提高征收效率。在水资源税征收方面，可以采用源泉扣缴、自行申报等方法，水行政主管部门要加强水资源取用的监管，税务部门须明确纳税人的申报期限、违法责任，保证税款及时入库。在税款使用方面，应做到专款专用，确保税款用于水资源保护、开发、利用。在税收优惠方面，可对农村居民生产或直接取用的生活用水免征水资源税（无论是地表用水或地下用水），对科研、国防或有助于国民基本健康卫生的用水免征或减征水资源税，对提供城乡居民饮用水的生产企业适用较低的优惠税率。此外，为鼓励加大对环保、节水的投资和研发，可对此类企事业单位有一定的税收优惠。

第8章 我国水排污费税改革基本构想

8.1 引　　言

水资源是一种公共属性很强的资源品，单纯依赖市场无法实现资源的帕累托最优，以庇古为代表的福利经济学家主张政府采取措施（如征收庇古税或补贴）以实现外部效应内部化；20世纪中期以后，以科斯、诺思和威廉姆森等为代表的产权经济学派则主张通过清晰的产权界定和产权安排来实现公共品的帕累托最优配置[①]。目前西方国家水资源生态补偿的形式非常丰富，既有包括专门针对水排污行为征收的水排污税（费），也有排污权交易、流域环境服务支付以及清洁供水协议等多种方式。纵观国外水资源的管理实践，许多发达国家也经历了"先污染，后治理"的过程，但目前他们已经建立起了相对完善的水排污税税制体系，值得我国进行水排污税费改革时借鉴。我国水排污费在制度设计、征收管理、收费标准以及政策效果等方面都有很大的完善空间。尽快推动水排污费税改革，建立符合我国国情的水排污税收制度刻不容缓。本章对我国现有的水排污收费制度的演进作了简要梳理，并在借鉴欧盟部

---

① 李正升. 市场结构、环境税与福利效应分析 [J]. 经济与管理, 2012 (10): 88-91.

分国家水排污税成功经验基础上,对我国水排污费改税制度设计提出了初步构想。

8.2 我国有关水排污费征收的法律制度演进

我国目前对存在污水排放行为的单位和个体工商户征收水排污费,水排污的种类和数量由县级以上环境保护行政管理部门核定。征收水排污费的法律依据是《中华人民共和国环境保护法》《中华人民共和国水法》《中华人民共和国水污染防治法》等法律文件。这几部法律文件对水资源利用和保护、水排污行为的征收主体、水排污企业的责权利都作出了明确规定。我国征收水排污费开始于20世纪80年代初,大致经历了以下几个阶段。

8.2.1 提出与试行阶段(1979~1981年)

1979年,我国颁布了《环境保护法》(试行),其中第18条规定,超过国家规定的标准排放污染物,要按照排放污染物的数量和浓度,根据规定收取排污费。这标志着排污收费制度在我国开始从法律上被确立,但是试行法中只规定了对超标排污收费,并没有对污染物达标排放作出收费规定。同年,首先将江苏省苏州市的15个企业作为试点,开始排污收费之试点工作。随后,云南省和河北省也在各自省内开始试点工作,而且河北省是我国最早在全省范围内推行该制度的省。到1981年底,全国除了青海和西藏外,其他省市都开展了试点工作。

8.2.2 建立与实施阶段(1982~1987年)

1982年,国务院颁布了我国第一项水排污的行政法规《征收排污费暂行办法》，这标志着我国正式建立了排污收费制度。该办法细化了《环境保护法》（试行）中有关排污收费制度的规定，对征收目的、标准以及排污费的管理等都作了详尽的规定。1984年11月1日施行的《水污染防治法》明确规定了向水体排污的单位，要交纳排污费；超过法律规定排放标准的，还要缴付超标排污费。在这一阶段，是排污收费以及超标排污收费两者共存的阶段。1985年7月，国家环保局依据当时我国财政体制改革的要求，仔细研究和分析了我国排污收费使用过程中发生的一些问题，如挪用排污费、使用效率低等问题，提出有偿使用排污费的构想，在我国尝试将排污费的使用方式改成贷款，全国有60多个城市试行了"拨改贷"。

8.2.3 发展与完善阶段（1988～2003年）

1988年，国务院正式决定在全国开展"拨改贷"工作，对排污费进行有偿使用，并颁布《污染源治理专项资金有偿使用暂行办法》，对水排污费的使用作了明确规定，规定基金从依照国务院《征收排污费暂行办法》征收的超标排污费用于补助重点排污单位治理污染源资金中提取，提取比例在20%～30%幅度内，由省、自治区、直辖市人民政府确定，基金的贷款对象为缴纳超标排污费的企业。1989年，我国修订了《环境保护法》，规定了排污费只能用在污染防治上，不得挪作他用。1993年7月10日，国家计委、财政部发布了《关于征收污水排污费的通知》，对排污费的征收标准进行了统一，规定每吨污水最高不超过0.05元。

我国征收水排污费开始于20世纪80年代初，1982年国务院颁布了我国第一部水排污的行政法规《征收排污费暂行办法》（以下简称《办法》），《办法》规定了收费的对象、程序，收费的管理和使用以及减免等具体内容，排污收费从此在全国各地全面开展。为合理使用污染源治理资金、做好污染源治理，提高污染源治理专项基金使用效率，国务院又于 1988 年颁布了《污染源治理专项基金有偿使用暂行办法》，对水排污费的使用作了明确规定。2003 年 1 月国务院颁布了《排污费征收使用管理条例》（以下简称"条例"），之后在《条例》基础上又出台了包括《排污费征收标准管理办法》（2003 年）在内的一系列配套法规。《条例》对我国境内污染排放的种类和数量、排污费的征收和使用以及加倍征收等具体条款进行了规定。到目前为止，我国已经建立了以《水法》和《环境保护法》为基础，以《条例》为具体指导的较为完备的水排污费政策法规体系。

8.3 我国水排污费征收制度的缺陷和不足

8.3.1 水排污费制度设计背景与当前经济社会可持续发展要求不适应

我国水排污制度肇始阶段，正是我国社会开始全面对外改革开放之时，一切工作均以经济建设为中心，因此，水排污费最初的政策设计目标是对超标或违章排污罚款收费，通过对超标排污收费，促进企业污染排放的达标。水排污收费制度运行 30 多年来，已经成为我国水资源保护和治理的一项中心工作。

从社会发展的长期过程看，经济发展同环境治理保护存在统一性和协调性，但短期看，经济建设同环境保护又存在矛盾性一面。经历了 30 多年迅速发展后，我国经济总量虽然已经跃居世界第二位，但在当前以 GDP 为核心的地方政府政绩考核的大背景下，水资源的保护和治理工作还非常滞后。西方国家在环境治理与经济发展二者关系处理上也曾走过一段曲折的道路，无论是英国泰晤士河的污染与治理，还是美国密西西比河的环境污染，都付出了惨痛的代价[①]。进入 21 世纪以后，社会经济的可持续发展已经成为中国未来发展的方向，人与自然的和谐相处替代了过去单纯向自然索取的生产方式，绿色 GDP 也替代了单纯依赖粗放式增长形成的 GDP，成为我国在经济发展中的一个前进目标。社会经济的可持续发展需要我国在水资源利用与保护上，改变过去仅仅实现水排放的达标排放的低层次目标。建立生态补偿能力更强、水资源治理功能更为完善、执行力度更强的水排污税制应该是我国今后水排污收费制度改革的必然选择。

8.3.2 水排污收费的行政性特征与水污染治理的刚性需求不适应

水排污收费制度作为一项行政事业性收费制度具有行政性收费普遍具有的基本特征，它强调用水单位和个人在水排污上的权利与义务对等性，遵循的基本原则是"谁污染，谁治理"，在征收管理上由县级以上环境保护部门根据国家环保部门规定对排污者排放污染物的种类、数量进行核定征收。行政性的收费特征使水排污费在征收管理过程中存在较大的征收弹性，人情因素、行政裁量权、缺乏对违法行为的强制执行力等，这些因素的存在使排污费不仅在征收管理，而且在政策执行效果上大打折扣。

进入 21 世纪以后，尽管我国经济总量已经跻身世界前列，但以大气污染和大江大河的水体污染为代表的环境问题也越来越突出，建立和完善适合我国国情的环境税制体系不仅是我国深化税制改革的需要，而且是我国社会经济可持续发展的需要。从西方国家的环境税制发展过程

---

① 许广月. 气候变化视阈下中国贸易发展方式的低碳转型 [J]. 西部论坛，2012 (1)：81－87.

可以看出,水排污税已经成为西方环境税制中的一个重要组成部分,在水资源的开发利用保护中发挥着重要的作用。水排污税的普遍征收对公众节水、水资源利用企业的减排都发挥着重要作用。水排污税在权利义务上具有的非对称性、税收缴纳上的无偿性、在征收管理上的强制性,能在水资源的开发、利用、保护上发挥重要的作用,有助于改变我国长期以来环保部门和用水企业在水排污费征收上的讨价还价过程,将弹性的水排污费征收变成一项全体公民企业依照相关的法律法规切实履行的义务,也有利于培养社会公众参与我国江河水污染环保公益事业的意识。

8.3.3 水排污费征收标准与水资源生态补偿成本不适应

按照水资源生态补偿的基本要求,企业排污行为承担的水资源生态补偿成本应该包括:一是治理污染物的直接投入成本。地方和中央政府为治理水体污染而投入了大量机器设备,而且这些设备的日常营运也需要大量资源的投入,企业水排污行为至少要承担相应的水污染治理的分担成本。二是水体污染的负外部性所引致的社会隐形成本。环境的恶化会导致地区投资吸引力降低、人才的外流、居民健康的受损等负外部性,这部分社会隐形成本也需要加以科学测量并在辖区排污企业进行合理分担。对照水资源生态补偿标准,我国现行水排污费征收标准存在以下问题:

首先,征收标准过低。根据我国《排污费征收使用管理条例》和2008年修订后的《中华人民共和国水污染防治法》的规定,水排污者应该向县级以上环保部门申报排污的种类和数量,环保部门再依据排放的种类和数量征收排污费,超过排污标准的,要依据排污的种类和标准加重征收排污费。这实际上明确了我国排污费的征收的两种形式:一是达标征收;二是超标征收。但从我国近年水排污费征收实际情况来看,这一标准还过低，无法实现弥补水排污行为的生态补偿成本。根据《中国环境统计年鉴》（2011年）数据，不包括用于城市环境基础建设的515.5亿元的投资，仅在2010年国家用于废水治理方面的投资就达到了129.6亿元，而同年全国水排污费收入仅有22.38亿元，根本无法弥补水污染的直接治理成本，弥补水污染造成的社会隐形成本更是无从谈起。2004年我国全国排污费征收总额为94.18亿元，分别占当年税收收入和GDP的0.389%和0.068%；而同年，丹麦、德国、法国、英国和爱尔兰征得环境税收入分别为115.9亿美元、696.7亿美元、318亿美元、563.9亿美元和36.2亿美元，分别占其当年税收总收入的9.76%、7.3%、4.94%、7.35%和8.21%，GDP的4.76%、2.53%、2.14%、2.64%和2.47%[①]，由此可见，我国现有的包括水排污费在内的排污费征收范围和征收标准远远低于欧洲的标准。为完全弥补水污染造成的生态成本和社会隐形成本，提高现有的征收标准，扩大其征收范围应该是我国今后水排污费改税的一个必然趋势。

其次，征收标准不科学。《排污费征收标准管理办法》规定了排放超标污水的水排污费征收上限，降低了企业排污的成本。在实际操作中，环保部门往往按照排污当量数的最高额征收（即"单因子收费"），在征收水排污费时并没有考虑到排放污染物的总量，而仅仅考虑到了污染物的最高量，实践证明，这些规定无法对企业污水排放行为进行科学有效地遏制。

最后，水排污费征收使用与绩效预算管理要求不适应。一是管理部门众多，政出多门。我国涉及排污费征收管理的职能部门包括价格、财政、环保、审计等诸多部门，流域性的水资源利用保护还涉及跨区域的流域水利委员会，诸多部门共同执行水资源管理职能极易导致权责不清

---

① 童锦治，朱斌. 欧洲五国环境税改革的经验研究与借鉴 [J]. 财政研究，2009（3）：77-79.

以及政府职能的越位和缺位现象。二是排污费使用上缺乏有效监管。行政性的排污收费制度缺乏有效的监督管理机制，水排污费的标准核定、缴款通知下达、环保专项基金的使用都同地方环保部门密切相关，在缺乏有效预算监管情况下极易导致"体外循环"，水排污费无法及时足额上缴，环保专项资金被挪用作为部门行政开支现象屡见不鲜。三是水排污费列支上不合理。现有财务制度规定企业水排污费可以列入生产成本，但列入生产成本计入产品成本后，水排污费最终还是由消费者买单。另外，企业缴纳的水排污费通过返还的形式大部分回流进了企业，在缺乏有效监督机制情况下，企业并没有将这部分资金投入到节能减排，而是用于企业发展，最终造成"企业污染，社会负担"，不利于刺激企业减排的动机。

20世纪90年代以来，绩效预算管理在美国和部分OECD国家迅速展开，从部分国家近年预算管理的实践看，以"绩效、效率"为中心的绩效预算管理在提高政府行政能力，有效提高财政资金使用效率，实现收支平衡方面具有重要的意义。我国从1999年部门预算改革后，绩效预算改革在全国逐渐展开，环境保护是政府的一个重要职能，政府在环保部门的资金筹集和使用同样应该遵循绩效预算制度安排。在水污染防治方面，应该遵循水污染治理"成本—效益"原则，实现环保部门的收支核算管理向成本核算管理方式转变，建立对环保部门客观公正的绩效考核体系，提高部门的积极性。而现有水排污费征收管理同这一要求还有明显差距。

8.4 我国征收水排污税的初步构想

我国水排污收费制度建立至今已经跨越了30多年，这段时期也是新中国成立以来经济增长的黄金时期，在经济实现多年高速增长的同时，水排污收费制度为我国治理大江大河水体污染筹集了一定资金，各级环境保护行政管理部门在污水的收集、处理、检测、排放等环节都积累了宝贵的经验；在水体污染物种类和定量测量技术手段上日益成熟。通过多年水排污费的征收，无论是用水企业还是城乡居民，节水和环保意识都有了很大提高，实行多年的水排污收费制度对我国水资源保护发挥了重要作用，同时也为水排污费改税的制度变迁提供了有利条件。但我国水污染形势不容乐观，2010年我国全流域低于Ⅲ类的污染水体占到了全国河流总长的38.6%，推动水排污费税改革已经迫在眉睫。借鉴欧盟部分国家水排污税的实践经验，笔者对我国水排污费改税提出以下建议。

8.4.1 水排污税设计基本原则

一是立足国情原则。水排污税的设计需要结合我国现阶段所处的社会经济环境科学设计。经过多年经济发展，转变发展方式，实现产业结构升级，是推动水排污费改税的社会经济大背景。水排污费收入目前相比我国环境投资的比重非常低，如果按照"污染者付费"原则，今后开征水排污税后无论是用水企业还是城镇居民，其税负都会明显加重，势必会影响到纳税人的投资和消费决策，对我国产品的国际竞争力无疑也会产生巨大影响，因此需要对企业和居民能够承受的水排污税负进行科学测算，结合水资源治理保护投入成本，合理确定水排污税的税基、税率和征收时机。二是科学设计、稳步推进原则。一项新税种的开征需要在税收信息、征收管理、公众接受度等诸多方面进行充分准备后实施，水排污费改税可以考虑先在部分城市或部分经济发达省份试点，积累一定经验后再向全国大范围推广。三是税收激励和税收约束并重原则。一方面，水排污费改税后，企业的用水成本和居民用水负担将逐渐增加，有利于企业提高生产工艺，减少废水排放；另一方面，水排污税也应该体现对截污减排的税收激励，对废水排放达到一定标准的企业应该给予税收优惠或者减免，激励企业增加对环境保护的资金投入，促进企业提高生产工艺，加快经济结构转型升级①。

8.4.2 纳税人

理论上一切向我国境内水域（地表和地下）排放污水的单位和个人均应该是水排污税的纳税人，污水包括工业污水、农业污水和生活污水。《排污费征收费用管理条例》规定，水排污费征收对象仅限于直接排放污水的单位和个体工商户，不从事生产经营的个人排污行为不缴水排污费。此外，间接造成水体污染的产品生产者（如农药生产厂商）也不缴纳水排污费。这些特别规定实际上是出于现有的税收征管条件和征管成本的考虑。欧洲国家对水排污税的征收不限于生产经营范围，也不仅限于直接排污环节，如荷兰《地表水污染防治法》规定，直接（或间接）向水体排放污染物的都需缴纳水排污税；在法国，所有排放污水的单位和个人都需要缴纳水污染税。从税收公平和加强水排污税效果角度看，"普遍征收，重点调节"应该是我国水排污税今后改革方向。对分散的农村居民，基于现有的税收征管条件和征收成本方面考虑，可以对其水排污行为暂不征收水排污税。因此，可以把我国水排污税的纳税人界定为直接（或间接）向境内水体（地表和地下）排放污水的企事业单位和城镇居民。

8.4.3 征税对象

水资源的自然属性决定了其在生产生活中的广泛运用，因此造成水

---

① 陈少强，蔡晓燕. 发达国家的环境税及对我国的启示 [J]. 中国发展观察，2008（5）：58-60.

体污染的因素非常多。我国地域广大,各地经济情况条件不一,在现有征收条件下对所有排放的污水征收水排污税还不现实,即使进行征收,其税收成本也过大,不符合税收便利原则。农业污水产生于农业生产、加工和流通环节,我国农业生产集约化程度不高,无法对农业生产过程中的污水排放的种类和数量进行科学测量;目前农业污水主要来源于集约化畜禽养殖小区和养殖户,这部分农业污水如果不加以管理极易引发水体的污染,应该重点监控;另外在农产品加工和流通环节中也会产生部分污水,这些环节产生的水排污行为可以参照工业用水标准征收。城镇居民用水具有税基稳定,易于测量的特征,可以参照欧洲国家居民用水的水排污税征收方法,根据城镇居民的人口数量和生活用水一般消费量确定一个基准,超过这一标准的给予累进征收。工业生产过程中产生的废水如果经过排污管道排入污水处理厂,就只需向污水处理厂缴纳污水处理费,不用缴纳水排污税。综上所述,水排污税的征税对象可以界定为直接向水域(地表或地下)排放的工业污水、部分农业重点污染源污水和城镇居民生活污水。

8.4.4 计税依据

排污税的计税依据一般有三类,即污染物的排放量、污染企业的产量和消费品中污染物的含量[①]。不同类型的污染物其排污税的计税依据应该有所不同,如果污染物排放同产品的产量间存在固定比例关系,则可以以污染企业产量作为计税依据。采用消费品中污染物含量作为计税依据的前提是消费品中污染物的成分同污染物的排放量之间存在因果关系(如对含硫高的燃料征二氧化硫税)。水污染税的计税依据显然不具备后二者的特征,相反,经过 30 多年水排污费制度的运行,我国环保

---

① 周全林. 构建我国污染税制探讨 [J]. 中国财政, 1998 (11): 31 – 32.

部门已经积累了对废水中排放污染物种类和数量准确测量的成熟技术，截至 2010 年我国已经形成了全国 11.27 万个重点工业企业的水排污情况的系列数据，已经建立了工业污水中汞、镉、六价铬、铅和砷等重金属和其他污染成分的连续监测信息。而且这些污染物种类和数量的收集成本可以控制在一定的范围内。因此，工业污水排污税的计税依据应该是污水排放量；而对于城镇居民生活污水和重点农业污染源污水，其排放的数量和成分大体相同，可以按照一定的基数参照生活用水的消耗量征收。

8.4.5 税率

现有的污水排污费按排污者排放污染物的种类、数量以污染当量计征，每一污染当量征收标准为 0.7 元，这是一种定额税率的征收方法。水排污税定额征收具有操作简便，征收便利的特征，水排污费多年的征收管理实践为污染当量的核定已经积累了一套完整的理论和实践方法，水排污税的税率也可以考虑继续按照污染当量基础上采用定额税率征收。但在确定水污染税税率时应该考虑两点：一是定额税率高低。我国水排污费每一污染当量的税率标准执行多年，同水污染造成的环境污染治理成本相比还太低，今后应该逐步提高。司言武曾测算过，将居民生活污水的税率确定为 1.5 元/吨，工业废水排放达标的税率确定为 3 元/吨，工业废水排放未达标的税率确定为 6 元/吨，能基本弥补水污染的环境损失和资金需求[①]；根据 2010 年中国环境统计公报，我国主要流域用于污水处理的投资和营运总额就达到了 667.59 亿元。据笔者估算，如果根据"污染者付费"原则，这部分投资完全由排污企业和居民负担，无疑会大大增加居民的生活支出和企业的生

---

① 司言武，全意波. 我国水污染税税率设计研究 [J]. 涉外税务，2010 (11)：22-27.

产成本。因此，如何有效保护水资源同时兼顾社会可接受成本需要通盘考虑。二是税率的差别化问题。我国行业众多，地区经济发展水平的差异巨大，不同地区水污染的治理成本也有所区别，应该通过差别化的税率设计对工业企业的地区分布、行业分布进行调节，以体现税收效率原则。城镇居民生活污水和重点农业源污水税基相对稳定，其税率的确定也应该考虑在居民承受能力和养殖规模基础上，加以科学测定。

8.4.6 征收管理

水排污税的征收具有一定的技术要求，污染物数量和种类的监测需要借助环保部门监测技术和专业技术人员，仅凭税务部门无法准确掌握纳税人的税务信息，因此水排污税的征收管理需要税务部门和环保部分协同配合征收，由环保部门对纳税人的水排放种类和数量进行监测，将相关信息提供给税务部门，税务部门再根据环保部门提供的计税信息征收税款。对工业废水和生活污水，在实际的征收管理上可以分类管理，工业企业的水排污税可以采用企业向税务部门自行申报的方式，环保部门加强日常污水排放的例行监测，以避免企业的瞒报或漏报，自行申报的方式便于节约税务征收成本；城镇居民水排污税的征收则可以根据居民水表测量数据，由自来水公司代征。水排污税征收以后一律上缴国库，在使用上应该做到收支两条线，专款专用，全部用于水资源生态治理，不得挪用；环保部门和税务支出由财政预算拨款，保证水资源治理所需资金足额供给。在税权划分上建议作为中央和地方的共享税。从事跨流域工农业生产的企事业单位缴纳的水排污税应该上缴中央财政，在某一省区内排污的企事业单位的排污税则应该上缴地方财政，用于当地水环境治理和保护。

8.4.7 税收优惠

同其他税种一样，水排污税也应该对企业和居民的节水减排具有激励作用。欧洲部分国家的水排污税制大都设计有减免税环节，法国的水排污税就规定对企业安装减排设施的给予相应的减排奖励，我国今后建立的水排污税也应该对水排污达标减排的企业给予相应的减免优惠。对一定时期内水污染减排效果突出的企事业单位还可以给予一定的税收返还，以促进企业采用先进设施和工艺，减少废水的排放。对低于一定收入水平的当地居民，也应该给予一定的水排污税减免，以体现社会公平；在畜禽养殖等重点污染源农业企业，也应该考虑农业产业的基础性给予适当的税收优惠。

总　　结

　　我国人均水资源缺乏，仅为世界平均水平的1/4、美国的1/5，是全球13个人均水资源最贫乏的国家之一，而且水资源在时空上分布不均。由于工业化和城镇化不断发展，我国水污染和水土流失日益严重。中共十八大报告明确提出"要更加自觉地珍爱自然，更加积极地保护生态，努力走向社会主义生态文明新时代。"通过构建水排污为主的税制结构实现水资源生态补偿，对促进我国水环境的良性循环，建设美丽中国具有重要现实意义。理论上丰富和发展跨区域水资源生态补偿度量、实现途径和政策效应评价体系，为完善我国环境税体系，促进我国经济结构转型升级提供理论参考和路径保障。

　　本书首先对水资源生态补偿理论进行了介绍和评析。我国水环境的日益恶化同水资源使用过程中生态收益和生态成本的不匹配有着重要的关系，在论述了生态补偿理论以后，第1章提出了对水资源生态补偿的政府途径和市场化途径两条路线。第2章、第3章系统地对我国水资源的现状进行了定量分析，从我国水资源的拥有、治理和利用情况看，水资源的稀缺性日益显现，而恶化的水环境需要治理已经到了刻不容缓的地步。第4章从法律层面探讨了我国现有水资源利用保护法规的制度缺陷，并提出了相应的制度优化路径。在对水资源生态补偿过程中，政府的作用居于主导地位，但政府对水资源的利用保护效率问题值得探讨。第5章，基于DEA技术方法，构建了一个评价水资源治理资金使用效率的评价模型，并以南水北调中线工程所涉及的省份进行了实证研究。

第6章和第7章，从水资源费改税和水排污费改税两条路径，探索了我国水资源生态补偿税制的初步构架。

全书的主要观点有：

（1）水资源生态补偿需要清晰界定流域的产权以及健全的水环境法治体系，现有水资源生态补偿收费制度，政策执行力弱、行政裁量权空间过大，不利于有效保护和利用水资源，所以推动水资源费税改革迫在眉睫。

（2）水资源费税改革的方向是将水资源费纳入资源税制改革的总体框架中考虑，扩大资源税的征收范围，提高全社会节水意识；水排污费税改革需要对现有的水排污收费制度进行重构，较大幅度提高企业排污成本，合理提高居民生活污水负担。

（3）政府在水资源治理保护方面，一是加大对水环境治理投资力度，弱化GDP指标在地方政府政绩考核中的作用，强化环境生态指标对地方政绩考核；二是提高水资源生态补偿资金的运用效率，提高水资源治理科学技术，加强水资源治理科技开发。

附 录*

附表1 各地区供水和用水情况（2003年）　　　　　单位：亿立方米

地区	供水总量	地表水	地下水	用水总量	农业	工业	生活	生态
北京	35.00	8.33	25.42	35.00	12.92	7.65	13.49	0.95
天津	20.53	13.37	7.14	20.53	11.17	4.86	4.20	0.30
河北	199.83	33.74	165.46	199.82	149.56	26.24	23.70	0.32
山西	56.24	19.93	35.83	56.24	33.30	14.14	8.48	0.32
内蒙古	166.90	85.88	80.70	166.90	146.11	10.10	9.96	0.73
辽宁	128.32	60.31	67.95	128.32	83.54	21.87	22.90	
吉林	104.00	63.11	40.89	104.00	67.52	22.22	14.26	
黑龙江	245.81	149.93	95.88	245.81	171.37	52.51	18.94	2.99
上海	108.99	108.01	0.98	108.99	16.32	72.19	18.34	2.14
江苏	433.47	422.50	10.96	433.46	223.13	155.83	39.94	14.56
浙江	205.98	197.13	8.47	205.98	110.18	55.28	29.05	11.47
安徽	178.56	161.51	16.47	178.56	93.84	63.09	21.26	0.37
福建	182.78	177.43	4.21	182.78	100.99	60.08	20.62	1.09
江西	172.50	163.29	9.21	172.50	104.10	46.75	20.56	1.09
山东	219.36	104.12	113.95	219.36	157.01	31.62	29.35	1.38
河南	187.62	73.91	113.66	187.62	113.35	39.94	31.97	2.35
湖北	245.06	236.57	6.92	245.06	136.22	80.73	28.04	0.08
湖南	318.84	295.25	22.06	318.84	209.44	68.40	39.39	1.62
广东	457.53	436.53	20.59	457.53	242.61	130.35	79.53	5.04
广西	278.38	265.50	11.48	278.38	205.44	37.03	32.69	3.22
海南	46.31	42.38	3.93	46.31	35.73	4.06	5.94	0.58

---

* 附表1~附表21数据来源于历年《中国环境统计年鉴》，部分数据为笔者整理。

续表

地区	供水总量	地表水	地下水	用水总量	农业	工业	生活	生态
重庆	63.17	60.90	1.93	63.17	20.65	26.90	15.30	0.32
四川	209.86	195.67	12.80	209.86	121.69	56.05	30.42	1.70
贵州	93.70	85.50	8.00	93.70	52.16	26.40	14.77	0.38
云南	146.09	139.31	6.17	146.09	109.61	17.38	18.26	0.84
西藏	25.26	23.89	1.37	25.26	22.62	0.34	1.93	0.37
陕西	75.08	40.56	32.94	75.08	50.68	13.03	11.28	0.09
甘肃	121.57	93.09	28.11	121.57	96.44	16.28	8.63	0.21
青海	29.01	23.86	5.14	29.01	21.74	4.15	2.96	0.16
宁夏	64.02	57.57	6.45	64.02	58.45	3.48	1.65	0.44
新疆	500.67	446.97	53.06	500.67	454.93	8.28	13.10	24.36

附表2　　各地区供水和用水情况（2004年）　　单位：亿立方米

地区	供水总量	地表水	地下水	其他	用水总量	农业	工业	生活	生态
北京	34.55	5.71	26.79	2.04	34.55	12.97	7.65	12.91	1.00
天津	22.06	14.89	7.07	0.10	22.06	11.98	5.07	4.53	0.48
河北	195.90	37.60	157.75	0.50	195.90	147.07	25.18	21.58	2.00
山西	55.88	20.41	34.98	0.48	55.88	32.93	13.87	8.74	0.34
内蒙古	171.48	85.70	85.51	0.26	171.48	149.43	10.39	10.88	0.76
辽宁	130.23	64.55	65.00	0.68	130.23	85.71	19.87	23.79	0.86
吉林	99.19	60.23	38.96		99.19	66.44	16.55	13.79	2.41
黑龙江	259.44	155.49	103.95		259.44	186.25	52.96	19.19	1.04
上海	118.14	117.26	0.88		118.14	18.81	77.89	19.10	2.33
江苏	525.58	515.10	10.48		525.58	288.53	182.62	40.57	13.85
浙江	207.77	200.24	7.10	0.42	207.77	107.29	55.77	31.44	13.26
安徽	209.70	189.30	19.89	0.58	209.70	121.74	63.29	24.10	0.66
福建	184.90	176.60	6.70	1.60	184.90	104.20	59.30	20.10	1.26
江西	203.52	195.65	7.87		203.52	128.54	52.16	21.68	1.14

续表

地区	供水总量	地表水	地下水	其他	用水总量	农业	工业	生活	生态
山东	214.88	106.28	107.40	1.20	214.88	154.29	28.39	30.52	1.68
河南	200.70	81.35	119.30		200.70	124.54	40.16	32.37	3.62
湖北	242.67	233.81	7.84	1.01	242.67	131.71	82.43	28.45	0.07
湖南	323.62	303.12	19.72	0.76	323.62	202.30	76.35	42.05	2.90
广东	464.80	442.90	21.52	0.40	464.80	240.30	136.60	83.30	4.60
广西	290.81	277.39	11.54	1.88	290.81	210.10	41.62	36.01	3.08
海南	46.30	41.15	5.15		46.30	37.85	3.04	5.32	0.09
重庆	67.45	65.48	1.71	0.24	67.45	20.32	31.16	15.63	0.32
四川	210.35	195.17	12.76	2.42	210.35	121.17	56.50	30.99	1.69
贵州	94.31	85.85	8.08	0.37	94.31	51.92	26.93	15.07	0.38
云南	146.92	140.35	5.91	0.65	146.92	109.65	17.87	18.53	0.85
西藏	27.99	26.47	1.52		27.99	25.65	0.34	2.00	
陕西	75.53	41.93	32.86	0.74	75.53	49.72	12.47	12.60	0.74
甘肃	121.75	93.20	28.17	0.37	121.75	96.73	15.90	8.90	0.21
青海	30.16	23.15	7.00		30.16	21.83	5.20	2.96	0.16
宁夏	74.04	68.68	5.36		74.04	68.61	3.21	1.79	0.42
新疆	497.06	439.11	57.52	0.43	497.06	457.04	8.01	12.30	19.71

附表3　各地区供水和用水情况（2005年）　　　单位：亿立方米

地区	供水总量	地表水	地下水	其他	用水总量	农业	工业	生活	生态
北京	34.50	7.00	24.90	2.60	34.50	12.67	6.80	13.93	1.10
天津	23.09	16.01	6.98	0.10	23.09	13.59	4.51	4.54	0.45
河北	201.78	38.50	162.78	0.50	201.78	150.22	25.66	23.68	2.22
山西	55.72	20.47	34.75	0.49	55.72	32.68	13.94	8.72	0.38
内蒙古	174.76	87.69	86.19	0.89	174.76	143.88	13.16	12.17	5.56
辽宁	133.26	68.22	64.27	0.77	133.26	87.16	21.09	23.92	1.09

续表

地区	供水总量	地表水	地下水	其他	用水总量	农业	工业	生活	生态
吉林	98.39	61.55	36.84		98.39	66.38	18.79	11.48	1.74
黑龙江	271.51	158.43	113.08		271.51	192.08	55.45	20.27	3.71
上海	121.28	120.54	0.75		121.28	18.46	81.31	19.78	1.73
江苏	519.72	508.89	10.83		519.72	263.81	207.90	43.05	4.95
浙江	209.91	202.79	6.65	0.47	209.91	106.73	58.10	31.32	13.76
安徽	208.03	189.60	17.85	0.58	208.03	113.55	67.72	25.39	1.37
福建	186.86	179.36	6.37	1.13	186.86	101.54	63.49	20.49	1.34
江西	208.05	200.09	7.96		208.05	134.60	51.21	20.95	1.29
山东	211.03	106.70	102.67	1.66	211.03	156.32	21.76	30.58	2.37
河南	197.78	72.22	125.49	0.07	197.78	114.49	45.86	33.61	3.81
湖北	253.38	244.31	8.24	0.83	253.38	142.12	82.55	28.63	0.08
湖南	328.44	308.80	18.96	0.68	328.44	201.33	80.49	43.49	3.13
广东	458.95	437.31	21.05	0.59	458.95	230.65	133.89	89.52	4.89
广西	312.86	298.40	12.04	2.43	312.86	225.38	45.04	38.85	3.60
海南	44.05	40.08	3.97		44.05	35.14	3.17	5.65	0.09
重庆	71.16	69.52	1.60		71.16	21.39	32.99	16.39	0.39
四川	212.30	191.11	17.05	4.14	212.30	121.83	56.79	31.71	1.97
贵州	97.22	91.24	5.58	0.40	97.22	50.45	28.14	17.93	0.70
云南	146.82	140.17	6.06	0.58	146.82	108.41	18.38	19.13	0.90
西藏	33.19	31.25	1.93		33.19	30.27	0.47	2.45	
陕西	78.76	44.35	33.49	0.92	78.76	52.22	12.83	12.97	0.74
甘肃	122.97	92.25	29.54	1.17	122.97	94.98	15.80	9.12	3.08
青海	30.65	23.69	6.96		30.65	21.06	6.26	3.16	0.17
宁夏	78.09	72.74	5.35		78.09	72.27	3.45	1.75	0.62
新疆	508.48	448.92	58.64	0.92	508.48	464.36	8.20	10.46	25.46

附表4　　各地区供水和用水情况（2006年）　　单位：亿立方米

地区	供水总量	地表水	地下水	其他	用水总量	农业	工业	生活	生态
北京	34.30	6.35	24.34	3.60	34.30	12.05	6.20	14.43	1.62
天津	22.96	16.10	6.76	0.10	22.96	13.43	4.43	4.61	0.49
河北	204.00	38.70	164.64	0.66	204.00	152.57	26.22	24.05	1.16
山西	59.29	21.55	37.74	0.00	59.29	34.22	15.38	9.27	0.42
内蒙古	178.69	89.95	87.76	0.99	178.69	142.18	16.67	13.13	6.72
辽宁	141.24	72.46	67.01	1.77	141.24	91.54	23.54	24.25	1.91
吉林	102.90	64.87	38.03	0.00	102.90	70.35	19.12	11.49	1.94
黑龙江	286.21	171.84	114.37	0.00	286.21	208.26	57.49	20.03	0.43
上海	118.57	118.00	0.57	0.00	118.57	18.37	77.98	20.39	1.83
江苏	546.38	535.66	10.72	0.00	546.39	270.69	220.34	46.15	9.21
浙江	208.26	201.44	6.42	0.40	208.26	101.06	62.73	32.64	11.84
安徽	241.87	223.52	17.87	0.48	241.87	136.44	79.64	24.35	1.44
福建	187.25	180.04	6.02	1.19	187.25	97.96	66.90	21.01	1.38
江西	205.68	197.19	8.49	0.00	205.68	132.92	50.57	20.85	1.33
山东	225.82	119.75	104.20	1.87	225.82	169.40	22.54	31.27	2.61
河南	226.98	90.14	136.45	0.39	226.98	140.15	48.32	34.57	3.94
湖北	258.79	248.94	9.13	0.72	258.79	142.96	86.93	28.82	0.08
湖南	327.73	308.30	18.73	0.70	327.73	198.40	81.98	44.17	3.19
广东	459.40	437.71	21.23	0.46	459.40	226.92	135.61	92.35	4.52
广西	314.42	298.32	13.11	2.99	314.42	222.28	46.54	41.90	3.69
海南	46.46	42.40	4.06	0.00	46.46	36.74	3.78	5.85	0.09
重庆	73.20	71.01	2.10	0.09	73.20	18.12	38.43	16.24	0.41
四川	215.13	195.79	16.79	2.55	215.13	121.20	57.51	34.19	2.23
贵州	99.97	92.15	7.34	0.48	99.98	54.33	27.30	17.69	0.65
云南	144.77	138.01	6.15	0.61	144.77	105.57	18.76	19.51	0.92
西藏	35.03	32.50	2.52	0.00	35.03	31.77	0.77	2.48	0.00
陕西	84.08	48.56	34.82	0.70	84.08	56.80	13.21	13.27	84.08

续表

地区	供水总量	地表水	地下水	其他	用水总量	农业	工业	生活	生态
甘肃	122.33	92.72	28.46	1.15	122.33	94.31	15.78	9.12	122.33
青海	32.20	24.65	7.54	0.00	32.20	21.79	7.01	3.24	32.20
宁夏	77.63	72.59	5.04	0.00	77.63	71.73	3.47	1.76	77.63
新疆	513.43	455.53	57.10	0.80	513.43	469.95	8.61	10.67	513.43

附表5　　各地区供水和用水情况（2007年）　　单位：亿立方米

地区	供水总量	地表水	地下水	其他	用水总量	农业	工业	生活	生态
北京	34.81	5.67	24.19	4.95	34.81	11.73	5.75	14.60	2.72
天津	23.37	16.46	6.81	0.10	23.37	13.84	4.20	4.82	0.51
河北	202.50	38.90	163.08	0.52	202.50	151.59	24.97	23.91	2.03
山西	58.74	22.51	36.23		58.74	34.32	14.44	9.53	0.45
内蒙古	180.04	91.11	87.95	0.99	180.04	141.77	17.45	14.17	6.65
辽宁	142.87	73.30	67.17	2.40	142.87	91.67	24.35	24.32	2.53
吉林	100.78	62.03	38.75		100.78	67.53	19.52	11.74	1.99
黑龙江	291.37	166.74	124.63		291.37	214.75	57.54	18.61	0.47
上海	120.19	119.79	0.40		120.19	16.21	81.35	21.60	1.04
江苏	558.34	548.45	9.88		558.34	268.51	225.25	48.42	16.16
浙江	210.98	204.85	5.65	0.47	210.98	100.22	64.17	33.95	12.64
安徽	232.05	211.65	19.92	0.48	232.05	120.56	83.81	26.08	1.60
福建	196.28	190.22	5.24	0.82	196.28	100.94	72.77	21.15	1.42
江西	234.87	224.14	10.73		234.87	151.35	58.60	22.90	2.02
山东	219.55	115.59	101.98	1.98	219.55	159.71	24.12	32.51	3.20
河南	209.28	83.44	125.46	0.39	209.28	120.07	51.30	32.74	5.17
湖北	258.73	249.41	8.43	0.89	258.73	132.65	96.62	29.38	0.09
湖南	324.26	303.98	19.57	0.71	324.26	193.89	82.54	44.62	3.21
广东	462.51	440.56	21.22	0.73	462.51	224.84	141.07	90.54	6.06

续表

地区	供水总量	地表水	地下水	其他	用水总量	农业	工业	生活	生态
广西	310.41	293.89	13.53	2.99	310.41	208.39	47.80	48.58	5.63
海南	46.69	42.87	3.82		46.69	35.84	4.67	6.09	0.09
重庆	77.43	75.55	1.85		77.43	18.75	40.91	17.33	0.43
四川	213.98	196.70	15.91	1.37	213.98	118.71	58.98	34.43	1.86
贵州	98.03	91.33	6.21	0.48	98.03	48.72	31.79	16.95	0.56
云南	150.03	142.65	5.43	1.95	150.03	105.95	22.33	19.95	1.80
西藏	36.70	34.39	2.31		36.70	33.43	1.13	2.15	
陕西	81.55	47.29	33.43	0.82	81.55	55.51	11.67	13.55	0.81
甘肃	122.50	91.89	28.78	1.82	122.50	96.05	14.03	9.45	2.97
青海	31.11	23.45	7.65		31.11	20.47	7.17	3.28	0.19
宁夏	71.00	65.94	5.06		71.00	64.75	3.52	1.76	0.97
新疆	517.74	449.16	67.78	0.80	517.74	476.77	9.23	11.29	20.45

附表6　　各地区供水和用水情况（2008年）　　单位：亿立方米

地区	供水总量	地表水	地下水	其他	用水总量	农业	工业	生活	生态
北京	35.08	5.84	22.94	6.3	35.08	11.35	5.20	15.33	3.60
天津	22.33	15.96	6.25	0.12	22.33	12.99	4.35	5.09	1.09
河北	195.02	37.79	156.17	1.06	195.02	143.23	23.71	23.39	2.70
山西	56.92	21.84	35.08		56.92	32.92	10.53	10.00	1.33
内蒙古	175.78	89.11	86.37	0.3	175.78	134.1	20.92	14.08	7.58
辽宁	142.78	73.59	66.58	2.61	142.78	90.89	23.92	24.41	3.34
吉林	104.08	63.47	40.61		104.08	69.29	23.62	14.05	2.27
黑龙江	297.01	169.62	127.38		297.01	218.15	55.71	18.78	4.36
上海	119.77	119.45	0.32		119.77	16.74	84.16	23.09	1.17
江苏	558.32	548.65	9.67		558.32	287.34	194.55	51.39	3.18
浙江	216.62	210.97	5.3	0.34	216.62	98.73	55.34	37.60	7.55

续表

地区	供水总量	地表水	地下水	其他	用水总量	农业	工业	生活	生态
安徽	266.36	242.38	23.5	0.48	266.36	151.91	93.66	29.03	1.95
福建	198.04	192.35	4.99	0.7	198.04	99.3	77.19	22.13	1.29
江西	234.21	223.71	10.49		234.21	148.89	53.18	26.09	4.77
山东	219.89	115.66	101.23	3	219.89	157.61	24.70	34.95	3.93
河南	227.53	92.67	134.4	0.46	227.53	133.49	53.51	35.79	6.32
湖北	270.71	261.57	8.43	0.72	270.71	142.8	100.82	30.93	0.22
湖南	323.62	303.64	19.96		323.62	193.19	83.52	46.10	3.46
广东	461.53	439.48	21.1	0.95	461.53	227.74	136.15	90.44	8.10
广西	310.1	296.1	11.45	2.56	310.1	202.91	53.97	48.44	5.67
海南	46.89	43.29	3.6		46.89	35.63	3.91	6.42	0.09
重庆	82.77	80.87	1.87		82.77	18.93	47.55	18.23	0.50
四川	207.64	191.12	14.38	2.14	207.63	113.64	61.60	36.26	1.96
贵州	101.89	93.51	7.9	0.48	101.89	51.58	34.14	14.88	0.55
云南	153.14	145.13	5.06	2.95	153.14	105.06	22.44	23.58	3.16
西藏	37.53	34.98	2.55		37.53	33.94	1.38	2.03	
陕西	85.46	50.24	34.35	0.88	85.46	57.7	11.40	14.80	0.92
甘肃	122.17	92.51	27.71	1.95	122.17	96.93	13.06	10.80	2.99
青海	34.36	24.11	10.14	0.11	34.36	22.37	2.99	3.36	0.81
宁夏	74.18	69.04	5.14		74.18	67.97	3.68	1.74	1.56
新疆	528.22	447.78	79.87	0.57	528.22	486.15	10.06	14.94	16.52

附表7　　各地区供水和用水情况（2009年）　　单位：亿立方米

地区	供水总量	地表水	地下水	其他	用水总量	农业	工业	生活	生态
北京	35.50	7.20	21.80	6.50	35.50	11.38	5.20	15.33	3.60
天津	23.37	17.21	6.01	0.15	23.37	12.84	4.35	5.09	1.09
河北	193.72	37.46	154.64	1.62	193.72	143.91	23.71	23.39	2.70

续表

地区	供水总量	地表水	地下水	其他	用水总量	农业	工业	生活	生态
山西	56.27	23.33	32.95		56.27	34.41	10.53	10.00	1.33
内蒙古	181.25	93.46	87.49	0.30	181.25	138.67	20.92	14.08	7.58
辽宁	142.79	71.60	67.35	3.84	142.79	91.12	23.92	24.41	3.34
吉林	111.09	68.58	42.51		111.09	71.15	23.62	14.05	2.27
黑龙江	316.25	180.22	136.04		316.25	237.40	55.71	18.78	4.36
上海	125.20	124.95	0.26		125.20	16.78	84.16	23.09	1.17
江苏	549.23	540.40	8.83		549.23	300.12	194.55	51.39	3.18
浙江	197.76	192.28	4.96	0.52	197.76	97.28	55.34	37.60	7.55
安徽	291.86	265.27	26.10	0.49	291.86	167.22	93.66	29.03	1.95
福建	201.44	196.38	4.80	0.26	201.44	100.83	77.19	22.13	1.29
江西	241.25	230.88	10.37		241.25	157.21	53.18	26.09	4.77
山东	219.99	119.62	97.04	3.33	219.99	156.40	24.70	34.95	3.93
河南	233.71	94.32	138.99	0.40	233.71	138.10	53.51	35.79	6.32
湖北	281.41	271.51	8.83	1.06	281.41	149.43	100.82	30.93	0.22
湖南	322.33	301.78	20.56		322.33	189.25	83.52	46.10	3.46
广东	463.41	440.84	20.95	1.62	463.41	228.71	136.15	90.44	8.10
广西	303.36	289.04	11.61	2.70	303.36	195.26	53.97	48.44	5.67
海南	44.46	41.01	3.45		44.46	34.03	3.91	6.42	0.09
重庆	85.30	83.49	1.76	0.05	85.30	19.02	47.55	18.23	0.50
四川	223.46	204.62	16.40	2.44	223.46	123.64	61.60	36.26	1.96
贵州	100.38	93.18	6.98	0.22	100.38	50.80	34.14	14.88	0.55
云南	152.64	145.74	4.32	2.57	152.64	103.46	22.44	23.58	3.16
西藏	30.85	28.27	2.58		30.85	27.45	1.38	2.03	
陕西	84.34	50.89	33.09	0.36	84.34	57.21	11.40	14.80	0.92
甘肃	120.63	94.71	23.98	1.94	120.63	93.77	13.06	10.80	2.99
青海	28.76	23.94	4.71	0.11	28.76	21.61	2.99	3.36	0.81
宁夏	72.23	67.03	5.21		72.23	65.26	3.68	1.74	1.56
新疆	530.90	440.25	89.96	0.70	530.90	489.39	10.06	14.94	16.52

附表8　　　各地区供水和用水情况（2010年）　　　单位：亿立方米

地区	供水总量	地表水	地下水	其他	用水总量	农业用水
北京	35.2	7.21	21.19	6.8	35.2	10.83
天津	22.49	16.17	5.87	0.45	22.49	10.97
河北	193.68	36.14	155.98	1.56	193.68	143.77
山西	63.78	29.29	34.49		63.78	37.98
内蒙古	181.9	92.59	88.63	0.68	181.9	134.52
辽宁	143.67	72.07	67.58	4.02	143.67	89.82
吉林	120.04	75.87	44.17		120.04	73.84
黑龙江	325	178.86	146.14		325	249.6
上海	126.29	126.09	0.2		126.29	16.76
江苏	552.19	543.52	8.67		552.19	304.23
浙江	203.04	198.14	4.33	0.57	203.04	94.64
安徽	293.12	265.62	26.61	0.89	293.12	166.7
福建	202.45	197.54	4.65	0.27	202.45	97.19
江西	239.75	229.84	9.91		239.75	151.02
山东	222.47	127.15	91.31	4.01	222.47	154.76
河南	224.61	88.6	135.14	0.87	224.61	125.59
湖北	287.99	278.15	9.03	0.82	287.99	138.29
湖南	325.17	304.03	21.11	0.02	325.17	185.79
广东	469.01	446.4	21.28	1.34	469.01	227.47
广西	301.58	289.32	11.15	1.12	301.58	194.57
海南	44.35	41.04	3.31		44.35	33.88
重庆	86.39	84.56	1.77	0.06	86.39	19.84
四川	230.27	210.74	16.88	2.65	230.27	127.26
贵州	101.45	93.75	7.2	0.49	101.45	50.05
云南	147.47	139.01	4.79	3.68	147.47	95.32
西藏	35.2	32.43	2.77		35.2	31.72
陕西	83.4	49.51	33.34	0.54	83.4	55.47
甘肃	121.82	96.14	24.24	1.45	121.82	94.28

续表

地区	供水总量	地表水	地下水	其他	用水总量	农业用水
青海	30.77	25.63	5.03	0.11	30.77	23.19
宁夏	72.37	66.95	5.42		72.37	65.05
新疆	535.08	439.19	95.15	0.74	535.08	484.64

附表9　　各地区供水和用水情况（2011年）　　单位：亿立方米

地区	供水总量	地表水	地下水	其他	用水总量	农业	工业	生活	生态
北京	35.20	7.21	21.19	6.80	35.20	10.83	5.06	15.30	3.97
天津	22.49	16.17	5.87	0.45	22.49	10.97	4.83	5.48	1.22
河北	193.68	36.14	155.98	1.56	193.68	143.77	23.06	23.98	2.87
山西	63.78	29.29	34.49		63.78	37.98	12.58	10.57	2.65
内蒙古	181.90	92.59	88.63	0.68	181.90	134.52	22.58	15.02	9.78
辽宁	143.67	72.07	67.58	4.02	143.67	89.82	24.99	25.48	3.38
吉林	120.04	75.87	44.17		120.04	73.84	26.12	16.36	3.72
黑龙江	325.00	178.86	146.14		325.00	249.60	56.02	17.61	1.76
上海	126.29	126.09	0.20		126.29	16.76	84.85	23.46	1.22
江苏	552.19	543.52	8.67		552.19	304.23	191.85	52.91	3.21
浙江	203.04	198.14	4.33	0.57	203.04	94.64	59.70	39.40	9.30
安徽	293.12	265.62	26.61	0.89	293.12	166.70	94.01	30.19	2.22
福建	202.45	197.54	4.65	0.27	202.45	97.19	81.26	22.70	1.29
江西	239.75	229.84	9.91		239.75	151.02	57.35	27.49	3.89
山东	222.47	127.15	91.31	4.01	222.47	154.76	26.84	36.23	4.64
河南	224.61	88.60	135.14	0.87	224.61	125.59	55.57	36.11	7.34
湖北	287.99	278.15	9.03	0.82	287.99	138.29	117.10	32.40	0.21
湖南	325.17	304.03	21.11		325.17	185.79	89.75	46.43	3.20
广东	469.01	446.40	21.28	1.34	469.01	227.47	138.76	94.23	8.55
广西	301.58	289.32	11.15	1.12	301.58	194.57	55.23	46.45	5.32
海南	44.35	41.04	3.31		44.35	33.88	3.83	6.53	0.09

续表

地区	供水总量	地表水	地下水	其他	用水总量	农业	工业	生活	生态
重庆	86.39	84.56	1.77	0.06	86.39	19.84	47.40	18.63	0.53
四川	230.27	210.74	16.88	2.65	230.27	127.26	62.92	37.98	2.11
贵州	101.45	93.75	7.20	0.49	101.45	50.05	34.32	16.47	0.62
云南	147.47	139.01	4.79	3.68	147.47	95.32	25.48	22.79	3.88
西藏	35.20	32.43	2.77		35.20	31.72	1.47	2.01	
陕西	83.40	49.51	33.34	0.54	83.40	55.47	12.06	14.83	1.03
甘肃	121.82	96.14	24.24	1.45	121.82	94.28	13.75	10.76	3.03
青海	30.77	25.63	5.03	0.11	30.77	23.19	3.26	3.50	0.82
宁夏	72.37	66.95	5.42		72.37	65.05	4.12	1.78	1.42
新疆	535.08	439.19	95.15	0.74	535.08	484.64	11.20	12.75	26.48

附表10　　各地区工业废水排放及治理情况（1999年）　　单位：亿立方米

地区	工业废水排放总量	工业废水排放达标量	工业废水排放达标率（%）	废水治理设施数（套）	废水治理设施处理能力（万吨/日）
全国	1 973 036	1 316 043	66.70	60 035	8 307.87
北京	28 085		83.65		289.02
天津	14 185	23 493	81.55	793	79.56
河北	97 420	11 568	81.55	829	774.47
山西	42 588	61 549	49.97	3 258	270.27
内蒙古	22 954	21 280	47.92	2 064	117.59
辽宁	116 040	11 000	47.92	590	495.62
吉林	38 795	83 280	62.48	2 214	105.16
黑龙江	53 736	24 241	68.13	870	263.85
上海	85 280	36 608	68.13	1 278	335.60
江苏	201 039	76 664	87.54	2 079	528.91
浙江	117 170	175 983	80.37	4 301	261.58

续表

地区	工业废水排放总量	工业废水排放达标量	工业废水排放达标率（%）	废水治理设施数（套）	废水治理设施处理能力（万吨/日）
安徽	63 616	94 166	80.37	4 397	349.39
福建	53 620	50 407	67.10	1 608	161.19
江西	42 493	35 980	61.71	3 000	152.40
山东	107 975	26 222	77.90	1 300	830.97
河南	94 952	84 116	71.00	3 944	625.96
湖北	115 985	67 413	59.82	3 368	440.30
湖南	126 146	69 385	58.27	1 970	388.02
广东	114 844	73 510	61.01	2 955	350.87
广西	87 542	70 062	48.59	6 646	267.23
海南	7 114	42 536	53.74	1 958	13.76
重庆	90 220	3 823	64.71	236	294.15
四川	94 536	58 380	49.39	1 207	276.54
贵州	26 067	46 696	29.80	3 313	109.51
云南	37 123	7 768	31.23	1 156	211.76
西藏	2 398	11 592	0.50	1 391	4.13
陕西	31 569	12	59.87	25	108.44
甘肃	29 576	18 900	55.43	1 641	110.06
青海	4 093	16 395	69.92	824	8.19
宁夏	8 954	2 862	31.28	116	30.44
新疆	16 919	2 801	43.43	274	52.92

附表11　各地区工业废水排放及治理情况（2000年）　　单位：亿立方米

地区	工业废水排放总量	工业废水排放达标量	工业废水排放达标率（%）
全国	1 942 405	1 493 277	87.30
北京	23 164	21 456	97.27
天津	17 604	17 186	99.52

续表

地区	工业废水排放总量	工业废水排放达标量	工业废水排放达标率（%）
河北	89 600	63 649	86.32
山西	32 406	20 056	81.13
内蒙古	21 844	14 116	71.57
辽宁	109 044	87 196	84.80
吉林	37 386	24 626	65.53
黑龙江	52 644	44 152	92.53
上海	72 446	67 553	95.39
江苏	201 923	185 653	93.93
浙江	136 433	115 680	96.47
安徽	63 106	53 355	95.24
福建	57 617	46 574	152.57
江西	41 956	28 796	75.90
山东	110 324	102 743	93.96
河南	109 210	88 297	85.82
湖北	106 733	80 591	80.58
湖南	112 563	74 396	74.12
广东	114 055	88 271	84.10
广西	81 571	51 287	80.41
海南	7 064	6 134	93.42
重庆	84 344	63 612	82.40
四川	116 979	69 596	72.38
贵州	20 598	9 766	58.21
云南	35 117	16 245	65.10
西藏	1 006		0.00
陕西	30 903	19 749	79.95
甘肃	23 795	16 973	72.33
青海	4 661	3 777	79.98
宁夏	10 942	3 867	41.71
新疆	15 365	7 923	60.40

附表12　　各地区工业废水排放及治理情况（2001年）　　单位：亿立方米

地区	工业废水排放总量	工业废水排放达标量	工业废水排放达标率（%）	废水治理设施数（套）
全国	2 026 282	1 768 996	87.30	61 226
北京	21 165	20 588	97.27	667
天津	21 250	21 149	99.52	733
河北	103 041	88 946	86.32	2 953
山西	31 093	25 227	81.13	2 432
内蒙古	20 960	15 002	71.57	512
辽宁	99 505	84 381	84.80	2 134
吉林	35 574	23 310	65.53	621
黑龙江	49 444	45 750	92.53	1 206
上海	68 012	64 876	95.39	1 967
江苏	271 029	254 564	93.93	3 910
浙江	158 113	152 527	96.47	5 064
安徽	63 229	60 220	95.24	1 487
福建	69 724	106 378	152.57	3 559
江西	41 507	31 504	75.90	1 144
山东	115 233	108 273	93.96	3 857
河南	110 152	94 527	85.82	3 608
湖北	97 714	78 736	80.58	1 918
湖南	107 175	79 434	74.12	2 846
广东	112 812	94 878	84.10	6 715
广西	90 512	72 785	80.41	3 361
海南	7 001	6 540	93.42	247
重庆	81 214	66 920	82.40	1 235
四川	114 920	83 181	72.38	3 071
贵州	20 812	12 114	58.21	1 210
云南	32 713	21 297	65.10	1 574
西藏	1 114		0.00	9

续表

地区	工业废水排放总量	工业废水排放达标量	工业废水排放达标率（%）	废水治理设施数（套）
陕西	28 634	22 892	79.95	1 556
甘肃	20 722	14 989	72.33	846
青海	4 385	3 507	79.98	104
宁夏	10 450	4 359	41.71	272
新疆	16 797	10 145	60.40	408

附表13　各地区工业废水排放及治理情况（2002年）　　　单位：亿立方米

地区	工业废水排放总量	工业废水排放达标量	工业废水排放达标率（%）	废水治理设施数（套）
全国	2 071 885	1 830 394	88.34	62 939
北京	18 044	17 745	98.34	612
天津	21 959	21 898	99.72	765
河北	106 772	97 988	91.77	3 158
山西	30 777	26 626	86.51	2 393
内蒙古	22 737	15 759	69.31	563
辽宁	92 001	80 819	87.85	2 093
吉林	34 783	26 782	77.00	578
黑龙江	47 983	44 515	92.77	1 231
上海	64 857	61 521	94.86	1 915
江苏	262 715	251 997	95.92	4 004
浙江	168 048	161 873	96.33	5 199
安徽	64 577	61 827	95.74	1 458
福建	78 511	75 094	95.65	4 176
江西	46 119	35 786	77.59	1 229
山东	106 668	102 801	96.37	4 038
河南	114 431	103 124	90.12	3 460
湖北	98 481	82 930	84.21	1 926

续表

地区	工业废水排放总量	工业废水排放达标量	工业废水排放达标率（%）	废水治理设施数（套）
湖南	111 788	86 768	77.62	2 825
广东	145 236	130 225	89.66	8 175
广西	97 126	81 774	84.19	2 086
海南	7 170	6 712	93.61	261
重庆	79 872	71 372	89.36	1 187
四川	117 638	93 045	79.09	3 252
贵州	17 117	9 720	56.79	1 449
云南	33 696	22 186	65.84	1 621
西藏	1 063	12	1.13	12
陕西	30 496	25 491	83.59	1 750
甘肃	19 677	14 218	72.26	738
青海	3 583	2 148	59.95	89
宁夏	11 534	6 461	56.02	297
新疆	16 426	11 189	68.12	399

附表14 各地区工业废水排放及治理情况（2003年）　　单位：亿立方米

地区	工业废水排放总量	生活废水排放量	废水排放总量	工业废水排放达标率（%）	废水治理设施数（套）	废水治理设施处理能力（万吨/日）	本年运行费用（万元）
全国	2 122 527	2 470 115	4 592 642	89.18	65 128	14 031	1 965 032
北京	13 107	80 646	93 753	99.30	568	265	38 756.1
天津	21 605	24 724	46 329	99.84	833	109	27 826.3
河北	108 324	72 906	181 230	94.72	3 687	1 117	83 332.7
山西	30 929	61 577	92 506	87.10	2 456	593	66 658.3
内蒙古	23 577	27 213	50 790	63.94	585	187	11 227.1
辽宁	89 186	102 655	191 841	91.61	2 131	536	90 412.4
吉林	31 365	51 126	82 491	76.74	643	139	25 684.2

续表

地区	工业废水排放总量	生活废水排放量	废水排放总量	工业废水排放达标率（%）	废水治理设施数（套）	废水治理设施处理能力（万吨/日）	本年运行费用（万元）
黑龙江	50 286	68 461	118 747	94.17	1 234	635	74 324
上海	61 112	129 885	190 997	94.94	1 730	436	105 121
江苏	247 524	172 546	420 070	97.67	3 989	963	193 285.8
浙江	168 088	102 174	270 262	97.20	5 491	637	180 532.7
安徽	63 525	77 735	141 260	95.88	1 450	559	56 619.2
福建	98 388	66 234	164 622	97.20	4 856	557	44 524.8
江西	50 135	61 823	111 958	83.06	1 130	275	21 533.1
山东	115 933	129 849	245 782	97.12	4 014	1 096	268 020.2
河南	114 224	125 542	239 766	91.47	3 387	922	96 147.6
湖北	96 498	134 080	230 578	83.78	1 984	711	50 228
湖南	124 132	111 645	235 777	79.86	2 942	743	52 537.6
广东	148 867	397 563	546 430	82.93	8 234	742	190 270.5
广西	119 291	95 523	214 814	86.52	2 188	751	49 453.2
海南	7 181	18 870	26 051	93.87	270	23	1 737
重庆	81 973	51 988	133 961	89.86	1 167	110	19 609.5
四川	120 160	108 254	228 414	81.82	3 557	552	59 142.3
贵州	16 815	38 727	55 542	55.97	1 519	280	17 765.7
云南	34 655	33 526	68 181	69.75	1 707	463	32 380
西藏	612	467	1 079	0.00	10	4	133
陕西	33 526	37 239	70 765	86.91	1 775	340	54 063.7
甘肃	20 899	26 994	47 893	76.08	762	112	22 821
青海	3 453	7 857	11 310	59.86	82	8	1 772.2
宁夏	10 740	12 798	23 538	58.55	334	62	6 518.9
新疆	16 417	39 488	55 905	59.66	413	104	22 593.7

附表15　　各地区工业废水排放及治理情况（2004年）　　单位：亿立方米

地区	工业废水排放总量	生活废水排放量	废水排放总量	工业废水排放达标率（%）	废水治理设施数（套）	废水治理设施处理能力（万吨/日）	本年运行费用（万元）
全国	2 211 425	2 612 669	4 824 094	90.70	66 252	16 220	2 445 651.4
北京	12 617	85 446	98 063	98.61	555	269	37 924.3
天津	22 628	26 043	48 671	99.35	959	207	37 693.1
河北	127 386	79 350	206 736	96.41	4 046	1 874	180 077.8
山西	31 393	62 345	93 738	89.62	2 384	425	137 164.4
内蒙古	22 848	29 720	52 568	61.13	657	185	16 683.4
辽宁	91 810	103 447	195 257	93.93	1 987	540	104 265.1
吉林	33 568	53 355	86 923	79.44	647	199	31 215.4
黑龙江	45 190	69 150	114 340	93.69	1 173	671	138 625.9
上海	56 359	136 966	193 325	96.27	1 711	489	163 531
江苏	263 538	202 573	466 111	97.22	4 366	1 680	241 284.9
浙江	165 274	116 052	281 326	95.94	5 541	704	179 352.2
安徽	64 054	84 262	148 316	96.91	1 470	587	72 628.6
福建	115 228	77 740	192 968	97.19	5 037	749	52 244.9
江西	54 949	65 143	120 092	88.66	1 220	371	51 489.4
山东	128 706	135 308	264 014	97.00	4 037	1 083	240 596.3
河南	117 328	133 324	250 652	93.68	3 404	1 050	105 109.2
湖北	97 451	135 178	232 629	85.78	1 992	756	51 288.2
湖南	123 126	126 881	250 007	83.65	3 027	478	56 323.7
广东	164 728	376 989	541 717	83.87	7 206	872	260 792.1
广西	122 731	96 045	218 776	86.60	2 260	738	47 006.9
海南	6 894	26 161	33 055	93.76	274	29	2 742.7
重庆	83 031	52 487	135 518	93.41	1 205	280	25 749.5
四川	119 223	122 497	241 720	86.43	4 148	614	66 750.8
贵州	16 119	39 568	55 687	58.15	1 695	297	20 056
云南	38 402	39 901	78 303	74.73	1 848	426	35 540

续表

地区	工业废水排放总量	生活废水排放量	废水排放总量	工业废水排放达标率（%）	废水治理设施数（套）	废水治理设施处理能力（万吨/日）	本年运行费用（万元）
西藏	993	3 508	4 501	0.00	10	4	135.6
陕西	36 833	38 977	75 810	91.59	1 721	302	28 656.8
甘肃	18 293	26 878	45 171	73.20	760	147	26 379.2
青海	3 544	10 743	14 287	62.73	92	8	2 004.2
宁夏	9 510	14 263	23 773	80.72	370	78	7 111.6
新疆	17 671	42 369	60 040	61.38	450	109	25 228.2

附表16　各地区工业废水排放及治理情况（2005年）　　单位：亿立方米

地区	工业废水排放总量	生活废水排放量	废水排放总量	工业废水排放达标率（%）	废水治理设施数（套）	废水治理设施处理能力（万吨/日）	本年运行费用（万元）
全国	2 431 121	2 813 968	5 245 089	91.20	69 231	16 349	2 766 907
北京	12 813	88 196	101 009	99.43	553	277	47 316
天津	30 081	30 280	60 361	99.60	904	213	48 749
河北	124 533	83 991	208 524	96.30	4 271	1 579	121 883
山西	32 099	62 997	95 096	88.87	3 560	566	137 108
内蒙古	24 967	31 274	56 241	66.62	745	234	22 299
辽宁	105 072	113 633	218 705	95.09	2 137	614	127 886
吉林	41 189	56 816	98 005	81.23	681	170	35 486
黑龙江	45 158	68 883	114 041	92.47	1 142	437	108 553
上海	51 097	148 613	199 710	97.05	1 707	501	136 195
江苏	296 318	223 107	519 425	97.51	4 663	1 076	343 652
浙江	192 426	120 770	313 196	96.65	5 858	771	212 848
安徽	63 487	93 104	156 591	97.37	1 529	635	79 644
福建	130 939	81 453	212 392	97.66	5 385	759	80 494

续表

地区	工业废水排放总量	生活废水排放量	废水排放总量	工业废水排放达标率（%）	废水治理设施数（套）	废水治理设施处理能力（万吨/日）	本年运行费用（万元）
江西	53 972	69 348	123 320	92.13	1 242	341	58 956
山东	139 071	141 306	280 377	98.23	4 215	1 200	294 495
河南	123 476	139 088	262 564	91.94	3 315	1 080	115 752
湖北	92 432	144 936	237 368	87.55	2 163	912	77 931
湖南	122 440	133 198	255 638	89.74	3 086	699	63 484
广东	231 568	406 835	638 403	83.90	5 971	925	282 970
广西	145 609	125 248	270 857	83.70	2 396	862	67 986
海南	7 428	27 846	35 274	93.62	267	27	12 410
重庆	84 885	60 336	145 221	93.66	1 478	295	32 076
四川	122 590	139 061	261 651	88.26	4 493	666	84 914
贵州	14 850	40 818	55 668	67.70	1 935	304	24 477
云南	32 928	42 274	75 202	80.96	1 927	635	43 866
西藏	991	3 564	4 555	0.00	15	1	194
陕西	42 819	40 549	83 368	92.73	1 747	262	31 466
甘肃	16 798	26 930	43 728	73.23	792	83	30 548
青海	7 619	11 741	19 360	44.57	130	15	3 732
宁夏	21 411	14 406	35 817	67.76	456	87	12 079
新疆	20 052	43 367	63 419	59.31	468	124	27 460

附表17　各地区工业废水排放及治理情况（2006年）　　单位：亿立方米

地区	工业废水排放总量	生活废水排放量	废水排放总量	工业废水排放达标率（%）	废水治理设施数（套）	废水治理设施处理能力（万吨/日）	本年运行费用（万元）
全国	2 401 946	2 966 340	5 368 286	90.70	75 830	19 553	3 885 002
北京	10 170	94 824	104 994	99.29	530	311	46 880

续表

地区	工业废水排放总量	生活废水排放量	废水排放总量	工业废水排放达标率（%）	废水治理设施数（套）	废水治理设施处理能力（万吨/日）	本年运行费用（万元）
天津	22 978	35 909	58 887	99.77	897	187	56 432
河北	130 340	91 922	222 262	93.41	3 929	2 002	146 151
山西	44 091	58 765	102 856	68.90	3 760	695	185 977
内蒙古	27 823	33 686	61 509	76.97	776	286	42 502
辽宁	94 724	118 229	212 953	92.91	1 960	713	217 588
吉林	39 321	57 845	97 166	81.41	689	204	41 011
黑龙江	44 801	70 857	115 658	87.82	1 052	509	186 152
上海	48 336	175 419	223 755	97.54	1 812	532	152 436
江苏	287 181	228 368	515 549	97.66	6 809	1 268	431 453
浙江	199 593	131 101	330 694	86.38	6 979	1 114	387 804
安徽	70 119	96 352	166 471	97.12	1 550	751	127 866
福建	127 583	88 441	216 024	97.94	5 933	884	109 906
江西	64 074	70 444	134 518	93.23	1 515	284	60 898
山东	144 365	158 272	302 637	98.04	6 350	2 304	367 524
河南	130 158	147 864	278 022	92.98	3 242	1 168	128 221
湖北	91 146	148 524	239 670	90.99	2 050	859	101 505
湖南	100 024	144 110	244 134	91.60	2 916	779	72 975
广东	234 713	419 706	654 419	84.88	6 486	924	339 407
广西	128 932	130 789	259 721	92.91	2 249	1 083	101 541
海南	7 351	28 006	35 357	94.63	243	31	21 263
重庆	86 496	64 117	150 613	93.81	1 400	166	42 495
四川	115 348	137 027	252 375	84.49	4 824	774	214 857
贵州	13 928	41 454	55 382	71.84	2 151	374	43 197
云南	34 286	46 192	80 478	89.16	1 864	590	55 104
西藏	790	2 462	3 252	28.23	12	1	200
陕西	40 479	46 086	86 565	89.23	1 996	306	53 628

续表

地区	工业废水排放总量	生活废水排放量	废水排放总量	工业废水排放达标率（%）	废水治理设施数（套）	废水治理设施处理能力（万吨/日）	本年运行费用（万元）
甘肃	16 570	29 151	45 721	79.08	788	135	31 569
青海	7 168	12 239	19 407	48.65	144	23	5 041
宁夏	18 500	13 296	31 796	64.76	326	62	15 616
新疆	20 558	44 884	65 442	61.08	598	234	97 806

附表18 各地区工业废水排放及治理情况（2007年） 单位：亿立方米

地区	工业废水排放总量	生活废水排放量	废水排放总量	工业废水排放达标率（%）	废水治理设施数（套）	废水治理设施处理能力（万吨/日）	本年运行费用（万元）
全国	2 466 493	3 102 001	5 568 494	91.66	78 210	22 075.9	4 280 385
北京	9 134	98 682	107 816	97.42	549	321	46 783
天津	21 444	35 484	56 928	99.71	1 816	214.2	64 189
河北	123 537	99 377	222 914	92.28	4 798	2 878.3	283 455
山西	41 140	63 454	104 594	88.23	2 700	645.9	205 359
内蒙古	25 021	35 384	60 405	73.69	815	300.2	56 329
辽宁	95 197	125 800	220 997	92.41	2 097	853.4	251 792
吉林	39 666	58 191	97 857	87.58	731	228.9	43 222
黑龙江	38 388	70 584	108 972	85.39	1 167	496.9	263 509
上海	47 570	179 045	226 615	97.73	2 718	619.1	205 127
江苏	268 762	236 836	505 598	97.39	5 990	1 542.5	377 977
浙江	201 211	136 890	338 101	86.09	6 821	1 129.9	317 335
安徽	73 556	101 772	175 328	94.77	1 687	972.3	118 244
福建	136 408	90 590	226 998	98.27	4 205	936.7	87 565
江西	71 410	69 856	141 266	93.89	1 682	459	55 609
山东	166 574	167 681	334 255	98.07	4 615	1 633.9	384 897

续表

地区	工业废水排放总量	生活废水排放量	废水排放总量	工业废水排放达标率（%）	废水治理设施数（套）	废水治理设施处理能力（万吨/日）	本年运行费用（万元）
河南	134 344	162 123	296 467	94.03	3 393	1 084.1	145 228
湖北	91 001	155 581	246 582	93.64	2 102	878.8	94 014
湖南	100 113	151 960	252 073	89.83	3 125	1 060.7	89 895
广东	246 331	444 556	690 887	86.05	9 314	1 236.1	424 373
广西	183 981	135 827	319 808	92.81	2 536	1 530.5	95 426
海南	5 960	29 199	35 159	94.63	259	31.9	25 649
重庆	69 003	65 238	134 241	92.07	1 482	174.6	45 922
四川	114 687	138 275	252 962	91.36	5 205	968.3	203 079
贵州	12 101	43 011	55 112	71.92	2 038	447.9	51 028
云南	35 352	48 407	83 759	90.51	2 026	643.6	67 483
西藏	856	2 479	3 335	29.21	12	0.8	220
陕西	48 523	50 825	99 348	96.14	2 362	317.2	89 632
甘肃	15 856	28 479	44 335	80.97	818	148.8	43 637
青海	7 318	12 630	19 948	50.25	152	74.7	4 887
宁夏	21 089	16 124	37 213	69.70	304	80.1	18 372
新疆	20 960	47 658	68 618	65.02	691	165.5	120 147

附表19　　各地区工业废水排放及治理情况（2008年）　　单位：亿立方米

地区	工业废水排放总量	生活废水排放量	废水排放总量	工业废水排放达标率（%）	废水治理设施数（套）	废水治理设施处理能力（万吨/日）	本年运行费用（万元）
全国	2 416 511	3 300 290	5 716 801	92.45	78 725	22 897	4 529 006
北京	8 367	104 892	113 259	98.26	514	198	40 184
天津	20 433	40 796	61 229	99.90	875	340	87 264
河北	121 172	113 525	234 697	95.48	5 822	3 207	304 484

续表

地区	工业废水排放总量	生活废水排放量	废水排放总量	工业废水排放达标率（%）	废水治理设施数（套）	废水治理设施处理能力（万吨/日）	本年运行费用（万元）
山西	41 150	65 761	106 911	85.61	2 797	817	201 392
内蒙古	29 167	41 254	70 421	82.60	836	391	54 804
辽宁	83 073	128 948	212 021	88.53	1 822	833	176 416
吉林	38 353	69 428	107 781	87.20	629	230	50 591
黑龙江	38 910	72 086	110 996	86.78	990	477	185 073
上海	41 871	181 880	223 751	98.79	1 790	497	223 072
江苏	259 999	249 702	509 701	97.67	6 469	1 563	429 865
浙江	200 488	149 889	350 377	90.83	7 630	1 161	365 263
安徽	67 007	101 663	168 670	96.17	1 795	1 000	153 801
福建	139 997	96 272	236 269	98.45	4 196	988	92 060
江西	68 681	70 228	138 909	92.98	1 767	456	67 651
山东	176 977	181 934	358 911	98.86	4 590	1 611	407 583
河南	133 144	176 049	309 193	94.87	3 211	1 069	156 337
湖北	93 687	165 187	258 874	93.67	2 050	930	138 821
湖南	92 340	157 991	250 331	92.11	3 149	1 132	112 275
广东	213 314	464 038	677 352	89.73	9 968	1 273	518 104
广西	205 745	139 610	345 355	85.68	2 552	1 887	118 152
海南	5 991	30 197	36 188	94.71	293	39	34 146
重庆	67 027	78 086	145 113	93.47	1 550	178	48 918
四川	108 700	153 643	262 343	94.93	4 757	846	169 785
贵州	11 695	44 171	55 866	71.71	1 798	446	47 771
云南	32 996	50 869	83 865	92.66	2 032	525	78 410
西藏	924	2 496	3 420	29.65	13	1	265
陕西	48 477	56 406	104 883	97.23	2 780	314	76 250
甘肃	16 405	31 065	47 470	58.95	747	161	96 222
青海	7 098	12 899	19 997	53.07	148	29	5 644
宁夏	20 448	17 500	37 948	87.46	380	99	28 456
新疆	22 875	51 825	77 184	65.91	775	199	59 951

附表20　　各地区工业废水排放及治理情况（2009年）　　单位：亿立方米

地区	工业废水排放总量	生活废水排放量	废水排放总量	工业废水排放达标率（%）	废水治理设施数（套）	废水治理设施处理能力（万吨/日）	本年运行费用（万元）
全国	2 343 857	3 547 021	5 890 878	94.24	77 018	22 703	4 784 925
北京	8 713	132 100	140 813	98.40	524	168	65 703
天津	19 441	40 206	59 647	99.99	848	256	73 073
河北	110 058	134 931	244 989	98.28	3 869	2 658	301 707
山西	39 720	66 155	105 875	82.31	2 548	703	185 602
内蒙古	28 616	44 539	73 155	85.15	889	419	58 606
辽宁	75 159	141 996	217 155	85.94	1 798	1 132	206 002
吉林	37 563	72 151	109 714	81.52	638	282	46 768
黑龙江	34 188	76 320	110 508	91.78	1 465	620	165 226
上海	41 192	189 326	230 518	98.77	1 730	479	264 296
江苏	256 160	266 169	522 329	98.10	6 877	1 691	460 498
浙江	203 442	161 575	365 017	95.28	8 202	1 182	403 322
安徽	73 441	106 260	179 701	96.21	1 987	1 014	174 903
福建	142 747	103 266	246 013	98.80	3 949	990	86 769
江西	67 192	79 888	147 080	93.83	1 826	620	98 501
山东	182 673	204 058	386 731	98.55	4 824	1 641	440 429
河南	140 325	193 656	333 981	96.10	3 210	960	167 705
湖北	91 324	174 433	265 757	95.92	2 068	951	134 207
湖南	96 396	163 883	260 279	91.35	3 195	1 154	117 552
广东	188 844	498 585	687 429	92.34	9 826	1 332	497 288
广西	161 596	143 911	305 507	94.96	2 539	1 496	115 739
海南	7 031	30 486	37 517	96.56	267	50	32 538
重庆	65 684	81 385	147 069	94.28	1 638	172	54 793
四川	105 910	156 799	262 709	95.39	4 377	852	283 179
贵州	13 478	45 682	59 160	71.00	2 050	461	44 692
云南	32 375	55 215	87 590	92.64	2 088	596	87 884

续表

地区	工业废水排放总量	生活废水排放量	废水排放总量	工业废水排放达标率（%）	废水治理设施数（套）	废水治理设施处理能力（万吨/日）	本年运行费用（万元）
西藏	942	2 514	3 456	22.29	16	1	234
陕西	49 137	62 082	111 219	96.72	1 728	329	92 386
甘肃	16 364	32 907	49 271	81.07	657	122	39 746
青海	8 404	13 767	22 171	55.83	155	36	6 065
宁夏	21 542	19 794	41 336	87.43	353	97	25 508
新疆	24 201	52 983	77 184	66.74	877	240	54 004

附表 21　　各地区工业废水排放及治理情况（2010 年）　　单位：亿立方米

地区	工业废水排放量	生活废水排放量	废水排放总量	工业废水排放达标率（%）	废水治理设施数（套）	废水治理设施处理能力（万吨/日）	本年运行费用（万元）
全国	2 374 732	3 797 830	6 172 562	95.32	80 332	24 762	5 453 464
北京	8 198	128 217	136 415	98.76	481	170	68 059
天津	19 680	48 516	68 196	99.95	912	273	69 321
河北	114 232	148 311	262 543	98.59	4 008	2 750	388 592
山西	49 881	68 418	118 299	94.67	2 633	798	200 390
内蒙古	39 536	53 012	92 548	90.23	956	465	69 555
辽宁	71 521	146 668	218 189	92.57	2 793	1 331	271 325
吉林	38 656	75 775	114 431	88.97	659	234	51 562
黑龙江	38 921	79 654	118 575	92.68	1 192	940	140 588
上海	36 696	211 554	248 250	98.03	1 749	510	157 318
江苏	263 760	291 740	555 500	98.05	6 973	1 801	549 108
浙江	217 426	177 402	394 828	96.21	8 214	1 265	437 506
安徽	70 971	113 729	184 700	97.95	2 084	1 064	184 235
福建	124 168	114 334	238 502	98.68	3 153	1 135	126 817

续表

地区	工业废水排放量	生活废水排放量	废水排放总量	工业废水排放达标率（%）	废水治理设施数（套）	废水治理设施处理能力（万吨/日）	本年运行费用（万元）
江西	72 526	88 135	160 661	94.18	2 014	597	129 042
山东	208 257	228 115	436 372	98.44	5 142	1 864	487 353
河南	150 406	208 273	358 679	97.37	3 105	933	208 840
湖北	94 593	176 162	270 755	96.77	2 093	1 037	137 920
湖南	95 605	172 505	268 110	93.70	3 155	1 198	129 125
广东	187 031	535 947	722 978	93.11	9 651	1 394	516 684
广西	165 211	147 419	312 630	96.93	2 405	1 455	123 368
海南	5 782	30 907	36 689	97.82	278	40	43 135
重庆	45 180	82 933	128 113	94.73	1 498	221	56 492
四川	93 444	162 651	256 095	96.52	4 437	990	328 447
贵州	14 130	46 693	60 823	77.28	1 755	539	137 058
云南	30 926	61 066	91 992	91.84	2 044	738	94 573
西藏	736	3 089	3 825	29.48	16	1	234
陕西	45 487	70 186	115 673	97.51	4 827	373	89 129
甘肃	15 352	35 889	51 241	83.32	672	148	32 770
青海	9 031	13 578	22 609	59.93	103	40	7 806
宁夏	21 977	18 676	40 653	78.74	359	145	47 493
新疆	25 413	58 277	83 690	57.33	971	313	169 622

参 考 文 献

[1]《环境科学大辞典》编委会. 环境科学大辞典 [M]. 北京：中国环境科学出版社, 1991: 326.

[2] 陈少强, 蔡晓燕. 发达国家的环境税及对我国的启示 [J]. 中国发展观察, 2008 (5): 58 - 60.

[3] 陈兆开, 施国庆, 毛春梅. 流域水资源生态补偿问题研究 [J]. 科技进步与对策, 2008 (3): 51 - 55.

[4] 程金香, 刘玉龙, 林积泉. 水资源生态价值初论 [J]. 石家庄经济学院学报, 2004 (1): 24 - 27.

[5] 杜立钊, 骆进仁, 钱晓东. 跨区域（流域）调水工程的利益相关者分析——以甘肃省引洮供水工程为例 [J]. 生态经济, 2011 (8): 27 - 38.

[6] 杜丽娟. 水土保持补偿机制研究 [M]. 北京：中国水利水电出版社, 2011: 52.

[7] 方兰, 杨伟. 南水北调工程各参与方利益补偿机制影响因素探析——公平与效率的观点 [J]. 贵州财经学院学报, 2012 (5): 60 - 66.

[8] 冯彦, 何大明, 包浩生. 澜沧江—湄公河水资源公平合理分配模式分析 [J]. 生态经济, 2000 (7): 241 - 245.

[9] 付俊文, 赵红. 利益相关者理论综述 [J]. 首都经贸大学学报, 2006 (2): 16 - 19.

[10] 傅晨. 水权交易的产权经济学分析——基于浙江省东阳和义乌

有偿转让用水权的案例分析 [J]. 中国农村经济, 2012 (2): 25-29.

[11] 戈银庆. 黄河水源地生态补偿博弈分析——以甘南曲玛曲为例 [J]. 兰州大学学报（社会科学版）, 2009 (5): 109-113.

[12] 谷国锋, 黄亮, 李洪. 基于公共物品理论的生态补偿模式研究 [J]. 商业研究, 2010 (3): 33-36.

[13] 韩凌芬, 胡熠, 黎元生. 基于博弈论视角的闽江流域生态补偿机制分析 [J]. 发展研究, 2009 (7): 78-80.

[14] 何报寅, 徐贵来. 湖北省水资源的可持续利用现状与战略对策 [J]. 世界科技研究与发展, 2000 (s1): 88-90.

[15] 何锦峰, 陈国阶, 苏春江. 水资源持续利用的价值评价与配置问题 [J]. 重庆环境科学, 2006 (3): 14-17.

[16] 何孰煌. 谈生态价值及其相关问题 [J]. 发展研究, 2001 (4): 29-34.

[17] 胡涵钧, 俞萌. 环境经济研究的福利标准 [J]. 复旦大学学报（社会科学版）, 2001 (2): 51-57.

[18] 胡家露, 黄建武. 基于层次分析法的湖北省水资源可持续发展研究 [J]. 生态经济（学术版）, 2013 (2): 126-133.

[19] 黄少安. 现代产权经济学的基本方法论 [J]. 中国社会科学, 1996 (2): 16-26.

[20] 姜文来. 水资源价值模型研究 [J]. 资源科学, 1998 (1): 35-43.

[21] 李国平, 李潇等. 生态补偿的理论标准与测算方法探讨 [J]. 经济学家, 2013 (2): 42-49.

[22] 李京坤. 法国的环保税制简介 [J]. 2000 (9): 47-48.

[23] 李岚, 肖金成, 高智. 把握住水资源补偿机制的"关键点" [N]. 中国经济导报, 2009-08-18 (B05).

[24] 李润桥, 付翔, 吴强. 关于全面开征水资源税的思考 [J].

税收征纳，2000（S1）：25-26.

[25] 李万古. 关于生态价值论的思考 [J]. 齐鲁学刊，1994（5）：112-114.

[26] 李小云，靳乐山. 生态补偿机制：市场与政府的作用 [M]. 北京：社会科学文献出版社，2007：283-301.

[27] 李雪松. 论水资源可持续利用的公平与效率 [J]. 生态经济，2001（12）：13-16.

[28] 李泽红. 湖北省水资源发展公报 [R]. 经济研究参考，2004（77）：38-48.

[29] 李正升. 市场结构、环境税与福利效应分析 [J]. 经济与管理，2012（10）：88-91.

[30] 刘昌明，王红瑞. 浅析水资源与人口、经济和社会环境的关系 [J]. 自然资源学报，2003，18（5）：635-644.

[31] 刘立明，孙玲. 浅谈水利生态绩效审计的内涵与特点 [J]. 吉林经济管理干部学院学报，2008（6）：69-71.

[32] 龙凤，高树婷. 基于逻辑框架法的水排污收费制度成功度评估 [J]. 中国人口·资源与环境，2011（12）：405-408.

[33] 卢洪友. "一品两制"的经济分析——兼论公共品成本分摊与收益分享的社会公平 [J]. 中国税务，2004（10）：50-54.

[34] 吕忠梅. 超越与保护：可持续发展视野下的环境法创新 [M]. 北京：法律出版社，2003.

[35] 马晓强. 水权与水权的界定——水资源利用的产权经济学分析 [J]. 北京行政学院学报，2002（1）：37-41.

[36] 马莹，毛程. 流域生态补偿的经济内涵及政府功能定位 [J]. 商业研究，2010（8）：127-131.

[37] 毛峰，曾香. 生态补偿的机理与准则 [J]. 生态学报，2006（11）：38-42.

[38] 毛锋,曾香.生态补偿的机理与准则[J].生态学报,2006,26(11):3842-3846.

[39] 毛显强,钟瑜,张胜.生态补偿的理论探讨[J].中国人口·资源与环境,2002(4):38-41.

[40] 潘岳.环保有关社会公平否?[J].中国税务,2005(3):49-51.

[41] 秦艳红,康慕谊.国内外生态补偿现状及其完善措施[J].自然资源学报,2007,22(4):557-567.

[42] 任婷婷,王光宇.荷兰水资源税制对我国开征水资源税的启示[J].现代商业,2010(12):85-86.

[43] 任勇,俞海,冯东方等.建立生态补偿机制的战略与政策框架[J].环境保护,2006(19):18-20.

[44] 沙景华,王倩宜,张亚男等.国外水权及水资源管理制度模式研究[J].中国国土资源经济,2008(1):35-48.

[45] 沈琳,李佶.国外保护水资源财税政策的简介与启示[J].涉外税务,2009(3):31-34.

[46] 石英华,程瑜.流域水污染防治投资绩效评估研究[J].经济研究参考,2011(8):45-58.

[47] 司言武,全意波.我国水污染税税率设计研究[J].涉外税务,2010(11):22-27.

[48] 肆湖.湖北省水资源开发利用现状与发展战略[J].国土与自然资源研究,1988(4):28-33.

[49] 孙斌,赵斐.基于超效率 DEA 模型的区域生态化创新绩效评价[J].情报杂志,2011(1):86-89.

[50] 孙青.政府生态转移支付绩效审计标准探究[J].吉林经济管理干部学院学报,2012(11):56-58.

[51] 孙思微.基于 AHP 法的农业生态补偿政策绩效评估机制研

究. 经济视角, 2011 (5): 177-178.

[52] 孙雪涛. 关于渭河流域水资源综合治理一些问题的认识 [J]. 中国农业科技导报, 2002, 4 (3): 32-36.

[53] 孙漪璇. 国外水污染税制度比较及构建我国水污染税制的设想 [J]. 济宁学院学报, 2008 (8): 37-40.

[54] 谭秋成. 关于生态补偿标准和机制 [J]. 中国人口·资源与环境, 2009 (6): 1-6.

[55] 童锦治, 朱斌. 欧洲五国环境税改革的经验研究与借鉴 [J]. 财政研究, 2009 (3): 77-79.

[56] 汪国平. 农业水价改革的利益相关者博弈分析 [J]. 科技通报, 2011 (7): 621-623.

[57] 王金南, 万军. 中国生态补偿政策评估与框架初探 [A]. 生态机制与政策设计国际研讨会论文集 [C]. 北京: 中国环境科学出版社, 2006: 13-24.

[58] 王金南, 庄国泰. 生态补偿机制与政策设计国际研讨会论文集 [M]. 北京: 中国环境科学出版社, 2006: 61-71.

[59] 王俊能, 许振成等. 流域生态补偿机制的进化博弈分析 [J]. 环境保护科学, 2010 (1): 37-44.

[60] 王敏, 李薇. 欧盟水资源税 (费) 政策对中国的启示 [J], 财政研究. 2012 (3): 57-60.

[61] 王万山, 廖卫东. 退耕还林政策的产权经济学分析与优化构想 [J]. 中国农村经济, 2012 (2): 19-26.

[62] 魏子昌, 赵静宜. 湖北省水资源开发利用现状及其保护问题浅析 [J]. 水资源保护, 1988 (4): 96-101.

[63] 吴丹, 王亚华. 中国七大流域水资源综合治理管理绩效动态评价 [J]. 长江流域资源与环境, 2014, 23 (1): 32-38.

[64] 吴俊培. 关于"费改税"的研究 [J]. 财政研究. 1999 (9):

40-41.

[65] 肖加元. 欧盟水排污税制国际比较与借鉴 [J]. 中南财经政法大学学报. 2013 (2): 76-82.

[66] 肖加元. 资源税改革理论逻辑与发展路径 [J]. 中南财经政府大学学报, 2011 (5): 74-79.

[67] 徐大伟, 涂少云等. 基于演化博弈的流域生态补偿利益冲突分析 [J]. 中国人口·资源与环境, 2012 (2): 8-14.

[68] 许广月. 气候变化视阈下中国贸易发展方式的低碳转型 [J]. 西部论坛, 2012 (1): 81-87.

[69] 许松涛. 环境绩效审计实施制约因素与对策研究——以鄱阳湖生态经济区为例 [J]. 会计之友, 2011 (5): 106-108.

[70] 闫彦. 建立和完善水资源补偿机制 [J]. 浙江经济, 2006 (4): 44-45.

[71] 严曾. 生态价值浅析 [J]. 生态经济, 2001 (10): 24-27.

[72] 杨冬梅, 赵亚蕊. 生态林投资绩效评价——基于经济、社会两大效益建立的指标体系 [J]. 林业勘查设计, 2010 (1): 29-31.

[73] 杨卫, 杨继. 生产力运行中的生态价值问题探析 [J]. 马克思主义与现实, 2003 (3): 13-25.

[74] 叶亚妮, 施宏伟. 国外流域水资源管理模式演进及对我国的借鉴意义. 西安石油大学学报 (社会科学版), 2007, 16 (2): 11-16.

[75] 余程鹏, 黄建武. 湖北省水资源现状及利用现状 [J]. 科技创业月刊, 2007 (3): 5-6.

[76] 袁义才. 公共产品的产权经济学分析 [J]. 江汉论坛, 2003 (6): 25-28.

[77] 张红梅. 湖北省水资源现状及其利用对策浅析 [J]. 湖北省水利水电职业技术学院学报, 2012, 8 (1): 10-12.

[78] 张建功, 王效云, 田筱蕾. 国家资源税改革进展及对水资源

费征收的影响 [J]．水利发展研究，2011（10）：1-5.

[79] 张琴．湖北省水资源开发利用特点分析 [J]．科技创业月刊，2009（8）：7-9.

[80] 张勇，阮平南．"代际公平"问题的测定和对策研究 [J]．科学管理研究，2005，23（4）：25-28.

[81] 支国强，张亮，杨育华等．滇池流域水资源综合平衡管理研究 [J]．长江流域资源与环境，2013，22（9）：1227-1233.

[82] 中国生态补偿机制与政策研究课题组．中国生态补偿机制与政策研究 [M]．北京：科学出版社，2007：74-78.

[83] 周大杰，董文娟等．流域水资源管理中的生态补偿问题研究 [J]．北京师范大学学报（社会科学版），2005（4）：131-135.

[84] 周大杰，桑燕鸿等．流域水资源生态补偿标准初探——以官厅水库流域为例 [J]．河北农业大学学报，2009（1）：10-14.

[85] 周国川．国外水资源保护税税制比较研究 [J]．水利经济，2006（5）：28-22.

[86] 周全林．构建我国污染税制探讨 [J]．中国财政，1998（11）：31-32.

[87] 祖建新，刘本洁．生态公益林补偿绩效评价研究——以浙江省为例 [J]．乡镇经济，2007（12）：57-60.

[88] Chen et al. Using Cost-Effective Targeting to Enhance the Efficiency of Conservation Investments in Payments for Ecosystem Services [J]. Conservation Biology，2012（6）：1469-1478.

[89] De Groot, Roland B A. Broadening the Picture: Negotiating Payment Schemes for Water-related Environmental Services in the Netherlands [J]. Ecological Economics，2009，68（11）：2760-2767.

[90] Freeman R E. Strategic Management: A Stakeholder Approach [M]. Boston, MA: Pitman, 1984.

[91] Mayrand M, Paquin M. Payments for Environment Services: A Survey and Assessment of Current Schemes [R]. Montreal: Unisfera International Centre for the Commission for Environment Cooperation of North America, 2004, 53.

[92] Perrot M D, Davis P. Case Studies of Markets and Innovative Financial Mechanisms for Water Services form Forest [R]. Washington, D. C: Forest Trands, 2001.

[93] Pettenella, Davidel, Vidale E et al. Paying for Water-related Forest Sevices: A Survey on Italian Payment Mechanisms [J]. Forest-Biogeoscience & Forestry, 2012, 5 (4): 1-6.

[94] T. Scitovsky. Two Concepts of External Economics [J]. Journal of Political Economy, 1954 (62): 143-151.

[95] Weisbach, David A. Should Environmental Tax be Precautionary? [J]. National Tax Journal, 2012, 65 (2): 453-473.

[96] W. J. Baumol, W. E. Oates. The Theory of Environmental Policy [M]. Cambridge: Cambridge Press, 1988.

[97] W. J. Baumol. Welfare Economics and the Theory of the State, Cambridge [M]. Cambridge: Cambridge Press, 1967.

致　　谢

随着我国社会经济总体规模逐渐增加、城镇化迅速推进，包括水环境在内的环境问题已经成为深刻影响社会经济发展的突出问题。促进社会和谐发展、建设美丽中国是展现在全中国人民面前的一项重要使命和美好愿景。作为一名财税专业的研究人员，对社会经济问题持续探索，不敢懈怠。

感谢教育部人文社会科学研究规划基金对本书的支持。本书的写作过程中，得到了中国财政科学研究院前副院长王朝才教授的大力支持，没有他的悉心指导、鼓励和支持，我将很难完成现有的研究工作。还要感谢中国财政科学研究院院长刘尚希教授、苏明教授（已故）等诸多国内知名专家学者的不吝赐教。此外，我还想感谢我的博士指导老师中南财经政法大学庞凤喜教授，同门师兄侯石安教授、胡振虎副研究员、洪源副教授等的大力帮助！中国人民大学金融学院刘潘同学、武汉理工大学经济学院何清同学、武汉大学经济与管理学院卢盛峰副教授等在资料的收集和整理、数据分析等工作中也给我提供了有力帮助，恕不能一一列举，在此也一并表示感谢！

此外，我妻子张利平女士给予了我研究工作的巨大支持，我母亲在家务方面也帮我们分担了很多，她们也付出了很多劳动。同时，我也牺牲了很多陪同儿子肖鸣孜的美好时间。对他们除了一些愧疚，我只能更努力地工作，以更大的工作成绩来回报他们。

肖加元
2018 年 6 月